« Mon Père je m'abandonne à Toi »

CARLO CARRETTO

MON PÈRE JE M'ABANDONNE A TOI

traduit de l'italien
par Liliane Larmoyer

LES ÉDITIONS DU CERF
ET
NOUVELLE CITÉ, PARIS
1976

ISBN 2-204-01059-6.

AVANT-PROPOS

Je voudrais que mes amis qui prendront ce petit livre le lisent avec sérénité et, si possible, sans prévention.

Lorsque j'ai écrit Famiglia piccola Chiesa (« *Famille petite Eglise* »), *ce fut un beau vacarme. Et dire qu'il s'agissait d'un livre pour éduquer, comme tous peuvent le constater aujourd'hui !*

Je ne voudrais pas qu'il en soit de même avec celui-ci pour la simple raison que je dis des choses que nous ne sommes pas habitués à entendre.

Tenez compte du fait que ce que j'écris dans ce livre est vieux comme la Bible et, sur un plan exégétique, d'une simplicité enfantine.

On peut être impressionné d'entendre parler d'une certaine façon de l'Eglise, mais je tiens à vous dire clairement que cette Eglise dont je parle, c'est moi, c'est vous, c'est nous tous, chrétiens.

Depuis le Concile, quand on dit Eglise, on n'entend pas seulement Vatican, évêque, paroisse comme on l'entendait autrefois, mais tout le « Peuple de Dieu ».

Et le Peuple de Dieu ne s'offusque ni ne se fâche si on lui dit qu'il est un peuple d'éminents pécheurs et qu'il est temps de se convertir.

Nous ne sommes plus au temps de mon adolescence où, pour avoir dit à la maison que Pie IX aurait mieux fait de ne pas excommunier Cavour qui avait voulu l'unité de l'Italie, j'ai attrapé une gifle solennelle de ma mère, et terminé la journée au lit sans dîner.

Certains infantilismes devraient déjà avoir disparu de nos milieux pieux et dévots.

Je voudrais dire encore autre chose : finissons-en avec ces jérémiades :

- Les jeunes sont perdus...

- Nous n'avons plus de vocations...

- Plus personne ne vient à l'église...

- C'est la fin de tout...

Il ne sert à rien de se lamenter ainsi ; pire, cela ne sert qu'à mal vivre les dernières années de notre vie, aigris comme des vieilles filles, empoisonnés comme de vieux impotents.

Voulez-vous un conseil ?

Ne dites-plus : « Tout va s'écrouler », mais dites - et c'est vrai - : « Tout est déjà par terre », et vous vous apercevrez qu'il est beaucoup plus intéressant et joyeux de se considérer comme les bâtisseurs d'un lendemain nouveau plutôt que comme les défenseurs d'un passé vieilli et compromis.

« Laissez les morts ensevelir leurs morts », disait Jésus. Maintenant « tu vas annoncer le Royaume ».

Et en fin de compte il n'est pas réellement nécessaire de penser que nous arrivons à la fin du monde.

Nous sommes à la fin d'une époque, et ce qui est beau, c'est qu'il en commence aussitôt une autre qui - selon l'Evangile - sera peut-être plus intéressante et féconde.

Voulez-vous perdre un peu de votre pessimisme ?

Cherchez à fréquenter l'assemblée liturgique d'une de ces si nombreuses communautés de prière qui poussent comme des champignons dans le grand bois de l'Eglise d'aujourd'hui.

Vous assisterez à des explosions de joie et de foi, qui, peut-être, ne sont plus chez elles dans les vieilles cathédrales d'une autre époque, trop sérieuses et compassées.

Si alors vous arrivez à prendre part aux liturgies de ces communautés, où l'on chante la Parole de Dieu, et seulement la Parole de Dieu, vous en sortirez convaincus que l'Eglise est extrêmement jeune et qu'elle renaît continuellement des cendres de son passé.

Pour moi, après trente années d'Action catholique et dix années de désert, je me sens devant ces communautés en prière comme un enfant qui a encore beaucoup à apprendre.

Regarde un peu - me dis-je - ces jeunes d'aujourd'hui qui semblent si démunis, ils ont sauté à pieds joints toute notre rhétorique religieuse et, avec une sensibilité infiniment plus mûre, ils mettent en musique la Parole de Dieu.

A nos « Nous voulons Dieu » ou « Regarde ton peuple » immodérés, ils répondent en chantant Osée, Jérémie, la Genèse, l'Exode.

Je baisse humblement la tête, et je les remercie très fraternellement.

C. CARRETTO.

Mon Père, je m'abandonne à Toi.
Fais de moi ce qu'il Te plaira.
Quoi que Tu fasses de moi,
je Te remercie.
Je suis prêt à tout, j'accepte tout.

Pourvu que Ta volonté se fasse en moi
et en toutes Tes créatures,
je ne désire rien d'autre, mon Dieu.

Je remets mon âme entre Tes mains.
Je te la donne, mon Dieu,
avec tout l'amour de mon cœur,
parce que je T'aime
et que ce m'est un besoin d'amour de me donner,
de me remettre entre Tes mains sans mesure
avec une infinie confiance,
car Tu es mon Père.

fr. Ch. de Jésus

La peur est le signe que tu ne te laisses pas guider par l'Esprit

Quand je médite sur ce qui arrive au monde, à l'Eglise qui en est la conscience, et à moi-même qui suis une toute petite antenne de l'un et de l'autre, j'ai l'impression que nous sommes en train d'entrer dans l'œil du cyclone.

Il souffle un vent auquel bien peu d'entre nous étaient habitués, et la terre, symbole de stabilité, se montre, devant les problèmes de consommation et de pollution grandissante, comme incapable de nous contenir et de nous nourrir.

L'Eglise elle-même - cité sur la montage, ancre de salut, tour inexpugnable, navire le plus sûr - apparaît aux timides et aux démunis comme incapable de nous transmettre cette sécurité à laquelle nous étions habitués et qui était le réconfort et la confiance de ceux qui n'avaient pas la volonté d'assumer leur propre responsabilité.

La peur habite la cité.

La peur habite l'Eglise.

Que la cité ait peur ne m'étonne pas : c'est un phénomène naturel devant l'extension de la délinquance et l'audace des terroristes et des gangsters.

Mais la peur de l'Eglise me fait peine, parce qu'elle est le signe désolant de notre manque de foi dans le Christ ressuscité des morts, dans le Christ roi.

Cette Eglise post-conciliaire, notre Eglise, risque de passer à la postérité comme l'Eglise de la peur.

Voilà qui est étrange, juste au moment où elle n'avait pas le droit d'avoir peur ! A ce moment où, avec le Concile, elle avait trouvé d'une façon, je dirais miraculeuse, l'assistance extraordinaire de l'Esprit (et quelle Eglise, chrétienne ou non, peut se vanter d'avoir tenu des assises si neuves, si éclatantes, si libres, si fécondes, si novatrices, si vitales que celles que fut, pour l'Eglise catholique, le Concile Vatican II !) ; à ce moment où elle avait su regrouper un épiscopat extraordinairement uni et résolu ; juste après avoir vécu ce moment inoubliable de la clôture des travaux sur la place Saint-Pierre, lorsque la figure de Paul VI, résumant sur son visage dramatique et tellement humain nos espérances à tous, offrait, avec une dynamique moderne, absente depuis trop longtemps de nos vieilles sacristies, un nouveau contrat de mariage de l'Eglise avec l'humanité entière ; juste après avoir vécu pendant quatre années à l'unisson avec l'Eglise, en sentant bien que la polémique entre la tradition et les esprits novateurs était finalement apaisée ; juste à ce moment-là voilà qu'éclate comme une épidémie de peste, l'épidémie de la peur.

Considérez la question et dites si ce n'est pas vrai.

La peur de la nouveauté, la difficulté de voir les choses autrement qu'elles étaient dans le passé affaiblissent les diocèses, retardent le réveil et les applications conciliaires, durcissent souvent les responsables qui ne se préoccupent plus, dirait-on, que d'une défense aveugle d'un passé désormais révolu dans ses formes, au lieu de faire d'eux les supporters opiniâtres d'un Evangile toujours nouveau dans son contenu.

Et que dire de ceux qui considèrent leur propre sein comme le seul lieu où puisse se poser l'Esprit Saint ?

La peur des désobéissances... des inférieurs fait accomplir aux supérieurs des péchés d'abus de pouvoir beaucoup plus nuisibles à la communauté d'hommes libres qu'est l'Eglise.

La peur de voir vides séminaires et noviciats paralyse l'imagination des curies et des congrégations et met à nu l'incapacité de croire que Dieu ne manque ni de puissance pour nous donner des pasteurs, ni d'imagination pour les changer. La peur de voir diminuer le nombre de ceux qui fréquentent le temple fait à certains l'effet qu'il est inutile de continuer à prier, parce que Dieu n'est plus sous les voûtes des cathédrales ; pour d'autres, c'est le prétexte à se tourner vers le passé, lorsque la messe était en latin et que la possibilité de recevoir l'Eucharistie dans les mains provoquait le scandale.

Mais où la peur atteint son paroxysme, c'est dans l'écroulement des sécurités : sécurités sociologiques, politiques, culturelles, institutionnelles. La chute de l'édifice historique d'une certaine chrétienté - la nôtre - fait douter de l'existence de Dieu à beaucoup de ceux qui faisaient partie de cette même chrétienté, mais qui comptaient plus sur les choses visibles que sur les invisibles, et qui croyaient davantage à la civilisation chrétienne et à l'esthétique du grégorien qu'à Dieu lui-même. C'est ceux-ci en effet qui sont tentés dans la foi.

Et ils sont nombreux.

Et je ne plaisante pas.

Etre tenté dans la foi sur un plan culturel est l'une des épreuves les plus rudes pour l'homme de toujours.

Quand, en outre, il s'agit de l'homme moderne, fou de pouvoir et de connaissance scientifique, obligé de surcroît de vivre dans une époque comme la nôtre, où tout est remis en question, où les infantilismes religieux du passé sont mis en évidence de façon dramatique, il n'y a pas de limite aux possibilités de débandade.

Cet homme, qui se croyait religieux et ne s'était jamais interrogé sérieusement à propos de la foi, devient comme un ivrogne qui a perdu dans le même temps l'équilibre et l'identité.

Au-dessus de lui le ciel se ferme, et la terre devient un point d'interrogation.

Si, en plus, le vertige le prend, il devient capable de rayer en un rien de temps tout un long passé de fidélité et de vie intérieure.

C'est alors que la famille se désintègre, que les couvents sont abandonnés, que les communautés autrefois florissantes se meurent, faute de force et de lumière.

L'homme reste seul, sans Eglise et à la merci de ses faiblesses. Et comme, au fond, il ne change pas, alors que les temps changent, il arrive toujours la même chose, parce que le péché n'a aucune imagination et se répète toujours avec la même monotonie.

Mais peut-être était-il inévitable qu'il en soit ainsi.

Trop d'hommes s'illusionnaient et se croyaient chrétiens quand ils étaient païens.

Trop d'hommes séparaient la religion de l'Evangile, la pratique au temple de la vie.

Trop d'hommes disaient être attachés au pape et se désintéressaient de la libération de l'homme.

Au reste, disons-le clairement, et sans nous offusquer : pourquoi tant de retards dans l'Eglise ? Pourquoi avoir laissé pendant des siècles célébrer l'Eucharistie dans une langue inconnue ?

Pourquoi avoir nourri la foi du peuple avec la faiblesse

des dévotions plutôt qu'avec la force formidable de la Parole de Dieu ? Pourquoi avoir laissé arracher par le socialisme la confiance des opprimés ?

Pourquoi une cohabitation si prolongée avec le pouvoir et avec les riches ?

Ne soyons alors pas effrayés si quelque chose change.

Et cela changera dans un sens juste.

Ce qui me donne cette certitude c'est que, depuis que le Concile a décrété la primauté de la Parole de Dieu et que les communautés ont pris l'habitude de s'interroger sur l'Evangile, le terrain gelé des institutions a fondu sous l'action de la chaleur de l'Esprit.

Nous assistons à un phénomène extraordinaire, et il me semble être revenu au temps de Jésus.

Sa Parole descend, simple et nette, dans les consciences et les met en crise.

Le paganisme qui nous entoure, le matérialisme qui nous tente sont réduits au silence dans les âmes par le chant des Béatitudes qui retentit à nouveau comme chant de joie et de libération.

Partout se forment de petites communautés de prière qui veulent être Eglise et revivent la Cène du Seigneur avec joie et bonheur dans l'esprit.

Partout on parle de libération des opprimés, de service, d'engagement, de pauvreté, d'amour.

Oui, c'est l'Evangile qui frappe aux portes.

Dieu n'a pas abandonné son peuple.

L'Esprit appelle encore son Epouse : l'Eglise.

Et l'Epouse ne doit pas avoir peur.

La peur est le signe de son peu de foi et du manque de confiance en Celui qui est le Dieu de l'impossible.

Je sais que ce n'est pas facile, surtout pour qui a l'habitude d'être entouré de sécurités. Et, pour l'Eglise d'hier, les sécurités étaient nombreuses.

Il suffit de penser que, dans bien des pays, elle en était arrivée à être flattée, défendue, payée, aidée par les Etats eux-mêmes.

Eglise et Etat, bloc unique : quelle force ! Quel pouvoir ! Quels soutiens !

Il semble toutefois que c'en soit fini aujourd'hui, et beaucoup de chrétiens s'en réjouissent. Pas tous cependant, et c'est pourquoi il y a tant de crainte. Cela se comprend.

Mais l'Evangile vécu et accepté nous fait saisir qu'il est peut-être meilleur de chercher appui non plus dans le pouvoir des hommes mais dans le pouvoir céleste, directement auprès du Père, comme le faisait Jésus : « *Mon Père et mon Dieu* ».

L'aventure est plus intéressante et plus prenante.

C'est de ce côté que sont les jeunes, peut-être d'ailleurs en partie parce qu'ils ne mesurent pas encore les difficultés d'une telle aventure.

L'aventure d'être exilés et pèlerins sur la terre.

C'est l'histoire d'Israël qui recommence : l'exode, le désert, l'insécurité.

Lorsque je médite la Bible, je n'arrive jamais à faire abstraction de son projet fondamental, parce que je sens que ma vie est passée et passe par le même projet. L'Egypte, terre d'esclavage, l'exode de la libération à travers le désert, l'entrée dans la terre promise et la conquête qui a suivi, la constitution du royaume de Jérusalem, les nouvelles infidélités à Yahvé et la punition consécutive avec l'exil à Babylone, le retour de ce qui restait d'Israël et le début des temps nouveaux avec la venue du Christ.

L'Eglise, nouvel Israël, n'est-elle pas sur le même chemin ?

Ne parcourt-elle pas les mêmes étapes dans son histoire ?

Il me semble que si.

N'a-t-elle pas vécu son exode et son désert ?

N'a-t-elle pas conquis la nouvelle Jérusalem : Rome ?

N'a-t-elle pas accompli, parfois, les mêmes péchés de sûreté de soi excessive, de recherche de puissance, d'oubli des pauvres et de la rude vie missionnaire ?

Ne s'est-elle pas laissé aller, même de bonne foi, à accorder une place excessive au visible, au faste qui cache dans son épaisseur la réalité douloureuse de la Croix, la pauvreté de l'ouvrier de Nazareth, la petitesse de l'enfant de Bethléem ?

Il se peut.

Et il se peut aussi que soit venu le moment du nouvel exode.

Je ne sais.

En attendant, la sécurité et la splendeur s'évanouissent et l'on ne peut même pas parler de déportation à Babylone, étant donné que c'est Babylone elle-même qui s'est transportée dans nos cités chrétiennes.

Nous, chrétiens d'aujourd'hui, devrions plutôt, je pense, nous considérer en terre étrangère, déportés dans la Babylone moderne, petites minorités, mais témoins de l'Invisible, non plus maîtres mais hôtes parmi les peuples, et porteurs d'un message qui a le pouvoir de sauver le monde, d'une espérance qui est la seule espérance.

C'est comme si nous recommençions à nouveau, en partant cependant d'une situation beaucoup plus mûre et complexe, et surtout plus explosive.

Certains sont enclins au pessimisme, pensant aux paroles d'Osée :

« *[Israël] ne reviendra pas au pays d'Egypte,*
mais Assur sera son roi...

L'épée sévira dans ses villes,
elle anéantira ses verrous,
elle dévorera à cause de leurs desseins. »

(Os 11, 5-6)

Peut-être est-il vrai que l'Eglise aura des temps difficiles, comme il y en eut pour Israël aux temps de la déportation (combien de prédictions amères et naïves circulent dans l'ombre des paroisses !).

Quant à moi, tout ceci ne m'inquiète guère, parce que le Christ m'a justement libéré de la peur et que je ne suis donc plus comme Israël terrorisé par l'épée d'Assur.

Je me sens protégé, réconforté par le passage de Jésus dans ma vie, et, si je me reporte à Osée, je préfère m'arrêter à ces autres paroles :

« *Comment t'abandonnerais-je, Ephraïm,*
te livrerais-je, Israël ?...
Mon cœur en moi est bouleversé...
car je suis Dieu et non pas homme. »

(Os 11, 8-9)

Voilà : je suis ton Dieu, dit le Seigneur.

Et qu'Il soit mon Dieu, signifie qu'Il est mon père, la racine de mon être, qu'Il est Seigneur du ciel et de la terre, l'Absolu, le Sauveur, ma fin, mon Tout.

Si Dieu est mon Dieu, je n'ai plus peur de rien.

J'ai confiance en Lui.

Je me laisse faire.

Il est le Dieu de l'impossible !

Si l'on ferme un séminaire, il ne me vient pas à l'esprit de penser qu'il me manquera un prêtre pour me donner l'Eucharistie.

Si l'on vend le Vatican, je ne tremble pas en pensant que tout est fini et que Dieu a été vaincu par le mal. Non, et je préfère chanter avec Osée les paroles de l'espérance :

« *Au milieu de toi je suis le Saint...*
Derrière Yahvé ils marcheront,
comme un lion il rugira...
et les fils viendront de l'Occident ;
comme un passereau ils viendront de l'Egypte,
comme une colombe, du pays d'Assur,
et je les ferai habiter dans leurs maisons. »

(Os 11, 9-11)

Oui, j'ai tant d'espérance !

Et c'est l'espérance vraie, non pas fondée sur l'optimisme humain, mais née de ma contradiction et de ma faiblesse, des contradictions et des faiblesses de l'Eglise, et de la vision de la confusion du monde de toujours.

J'ai l'espérance qui ne se fonde plus sur mes propres forces ni sur les forces organisées de l'Eglise, mais seulement sur le Dieu vivant, sur Son amour pour l'homme, sur Son action dans l'histoire, sur Sa volonté salvatrice.

J'ai l'espérance dans le Dieu qui a ressuscité des morts le Christ et qui a le pouvoir de renouveler toutes choses.

Quand j'étais dans le désert, j'ai appris du Père de Foucauld une prière extraordinaire qui récapitule toute ma foi, tellement forte qu'on ne peut la dire que sous l'action de l'Esprit.

Souvent je m'arrêtais au milieu, incapable de poursuivre. Certaines demandes me faisaient trembler, comme si on m'enlevait une partie de moi-même, un morceau de ma liberté.

Plusieurs années ont passé depuis mon premier retour du désert ; j'ai fait de nouvelles expériences de présence parmi les hommes.

Si je devais résumer ce que je ressens maintenant, cela tiendrait en quelques mots : j'ai découvert que je suis beaucoup plus pauvre que je ne croyais alors.

Mais la pauvreté, plus on la découvre, plus elle pousse à prier, et quand je reprends la prière d'alors, celle dont je vous parlais, et que nous, Petits Frères, appelons « Prière d'abandon » *, j'ai l'impression de savoir la dire avec plus de vérité.

Essayez, vous aussi, de la dire, et si vous réussissez à aller jusqu'au bout avec amour et paix dans l'esprit, écrivez-moi deux lignes.

J'aurai une preuve supplémentaire que Dieu le Père a des fils partout et que l'Esprit Saint remplit de Son Amour l'univers entier.

* Voir page 8.

PREMIERE PARTIE

DIEU EST MON PÈRE

Ces simples mots
sont la proclamation
de la plus importante prophétie
qui concerne l'homme,
et la réponse
à toutes les questions
posées par le mystère de la vie.

Mon Père

Faire une étoile est une chose,
autre chose faire un fils.
Faire une fleur est une chose,
autre chose faire un fils.
Faire une libellule est une chose,
autre chose faire un fils.
Dieu m'a fait d'abord comme un fragment d'étoile et m'a donné la vie,
puis il m'a dessiné comme une fleur et m'a donné la forme,
puis il m'a infusé la conscience et m'a fait amour.

Je crois à l'évolution de la créativité de Dieu et j'aime à penser que Dieu se servit des roches comme matériau pour mon corps, et du dessin des fleurs pour assembler mes cellules nerveuses.

Mais quand je pense à ma conscience, c'est en Lui que je cherche un modèle, dans sa vie trinitaire ; il me fit à son image et à sa ressemblance : communication, liberté, vie éternelle.

C'est ce que signifie faire un fils. Parce que le fils est vie de la même vie que le Père, il est liberté de la même liberté que le Père, il est communication pour communiquer avec le Père.

Il y a beaucoup de projets dans l'univers visible et dans le ciel invisible, mais tous sont l'expression d'un dessein unique de Dieu : faire de moi un fils. Un fils qui ait la même vie que la sienne et soit éternel, la même liberté et soit heureux, la même communicabilité et soit comme lui Amour.

Naturellement, le projet n'est pas terminé, le travail est inachevé. S'il était fini, ce serait la fin du monde.

Le monde n'est pas encore fini parce que le travail n'a pas encore été mené à son terme, et c'est pour cela que *« la création en attente aspire à la révélation des fils de Dieu... et gémit en travail d'enfantement »* (Rm 8, 19.22), parce que ce n'est pas un travail facile.

La distance qui sépare de la fin, c'est la distance qui sépare chacun de nous de sa vraie naissance, c'est-à-dire du jour où il sortira du lit des choses visibles pour dire en toute conscience, en se tournant vers le créateur : « Mon Père », et entrer dans sa maison en qualité de fils et non comme tableau décoratif ; en qualité de fils et non comme un vase de fleurs ; en qualité de fils et non comme un animal incapable de connaître son père.

L'histoire de l'homme sur la terre n'est que la longue et dramatique histoire de sa transformation qui est l'authentique gestation d'un fils de Dieu.

Oh ! elle ne serait pas dramatique si l'homme n'avait à assumer pour son propre compte l'une des plus lourdes responsabilités de Dieu, celle de la liberté ; elle ne serait pas un tel engagement s'il n'existait la réalité du péché, mystérieuse méchanceté de l'homme qui peut dire non à l'Amour et refuser le dessein de Dieu.

« Il est venu chez lui, et les siens ne l'ont pas reçu. Mais à tous ceux qui l'ont reçu il a donné pouvoir de devenir enfants de Dieu, à ceux qui croient en son nom, et qui ne

sont nés ni du sang, ni de la volonté de la chair, ni de la volonté de l'homme, mais de Dieu » (Jn 1, 12-13).

Faire un fils !

Dieu fait de moi son fils. Dieu se sert de l'univers et de l'histoire comme milieu divin de ma naissance en tant que son fils.

Il me modèle et me façonne avec les choses créées, et me rend conscient, petit à petit, avec la douceur de sa Grâce et la force de son Esprit.

Je suis à l'intérieur des choses, je viens de la matière mais j'aspire à une vie qui va au-delà de cette matière.

Né fils de l'homme dans la matière, je deviens fils de Dieu.

Né de mon père et de ma mère qui m'ont transmis la réalité terrestre, je naîtrai une seconde fois : fils de la réalité céleste.

Pour le moment, je suis comme un fœtus inachevé, à mi-chemin entre mon passé et mon futur, entre les choses que je connais et celles que je ne connais pas.

Ce n'est pas une situation confortable.

En fait, je souffre.

Je souffre d'incomplétude, de cécité, de mal du pays.

D'incomplétude parce que je ne suis pas encore achevé et que je pèche par immaturité ; de cécité parce que je ne vois pas clair, ainsi enfermé dans les choses ; de mal du pays parce que j'ai déjà dans les veines le sang de Dieu et qu'il me faut supporter patiemment mon sang d'homme agité et malade.

Si l'on me disait que je devrais rester toujours dans cette situation, ce serait une bien mauvaise nouvelle.

Ce serait comme si l'on me disait : « Tu dois rester pour toujours dans le ventre de ta mère. »

J'aime le ventre de ma mère qui m'a engendré, mais j'en

suis sorti dès que j'ai pu. Je préfère voir ma mère de l'extérieur que de l'intérieur.

On n'est pas bien à l'intérieur, ou du moins on est mieux après, quand on en est sorti.

L'univers et l'histoire sont comme le ventre immense et multiple, clair et obscur, facile et difficile, où s'accomplit ma gestation, « le milieu divin » de mon devenir de fils.

Mais je dois aller au-delà, et vous aussi, que vous le vouliez ou non.

Dans mon espérance, je dis : « Demain sera meilleur qu'aujourd'hui », parce que la logique de Dieu, l'amour de Dieu qui me façonne va vers le mieux et non vers le pire, vers la vie et non vers la mort, vers la communication et non vers la solitude, vers le bonheur et non vers les larmes.

C'est pourquoi, quand je serai sorti, je regarderai la terre qui m'a engendré et je dirai : « Enfin ! »

Pendant longtemps, j'ai trouvé le ventre de la terre assez confortable, habitable, et même beau et joyeux, mais aujourd'hui je m'y sens à l'étroit.

Plus j'approche de la porte de sortie, et plus je me sens écrasé, avec le désir de crever les murs de l'invisible.

Dieu qui savait cela a trouvé un moyen extraordinaire, un correctif adapté à ce besoin de courir et de se débarrasser du poids de la terre : *la charité envers les frères.*

Ecoutez ce que dit saint Paul à ce sujet :

« *Pour moi, certes, la Vie c'est le Christ et mourir représente un gain. Cependant, si la vie dans cette chair doit me permettre encore un fructueux travail, j'hésite à faire un choix... Je me sens pris dans cette alternative : d'une part, j'ai le désir de m'en aller et d'être avec le Christ, ce qui serait, et de beaucoup, bien préférable ; mais, de l'autre, demeurer dans la chair est plus urgent pour votre bien. Au fait, ceci me persuade : je sais que je vais rester et demeurer près de vous tous* » (Ph 1, 21-25).

On ne saurait mieux exprimer l'attitude intérieure de qui vit de foi et se sent coincé entre l'amour de Dieu qui l'appelle et l'amour de ses frères qui l'engage.

Oui, je préfère m'en aller, mais si je suis encore utile à l'Eglise, eh bien ! je reste.

Quand on en est là, quand la foi a atteint cette dimension et cette transparence, déjà la terre et le ciel se trouvent confondus comme s'ils étaient un.

Mais pas complètement.

Aller à la rencontre du visage du Père est toujours meilleur.

En attendant, je suis ici et je dois y rester. Je suis ici et je dois comprendre pourquoi. Encore que - je le réalise tout à coup - le mot « comprendre » que j'ai employé ne soit pas exact.

Le « comprendre » concerne le rapport avec les choses que je connais et ne peut être utilisé pour celles que je ne connais pas. Comment puis-je comprendre Dieu que je ne vois pas ?

Comment puis-je comprendre sa paternité qui me dépasse et me précède ?

Comment un fœtus peut-il comprendre sa mère ? Il doit avoir confiance, il n'y a rien d'autre à faire.

Un enfant à naître ne peut demander à qui l'engendre une documentation sur le pourquoi de son être, ni lui donner une leçon sur la façon de naître.

Se laisser faire est la première qualité de toute créature.

« *Rester passif* » dans les mains de qui nous précède, dirions-nous aujourd'hui,

« *être disponible* » à la réalité est l'attitude la plus vraie et la plus intelligente pour qui ne connaît pas son avenir et ne sait absolument rien sur la route qu'il devra suivre.

C'est pourquoi la parole la plus adaptée c'est « croire », mais... c'est si difficile !

Qui d'entre nous ne fait la grimace devant la nécessité de croire.

Oui : croire est difficile !

C'est difficile parce que c'est une attitude mûre dans un être qui n'est pas encore mûr.

C'est difficile parce que c'est une attitude d'amour et d'extrême confiance chez une créature incapable d'aimer et pétrie d'incrédulité.

C'est difficile parce que c'est un « presque tout résolu » chez un fœtus encore presque entièrement à résoudre.

Je suis tenté de dire, et je vous assure que j'y ai bien réfléchi, que la foi est un véritable cercle vicieux : plus tu en as besoin et moins tu la sens, plus elle t'est nécessaire et moins tu sais où la trouver.

Justement, quand tu ne sais où donner de la tête et devrais te laisser conduire, tu t'obstines à chercher en toi une solution qui ne peut venir de toi ; moins tu vois clair, et plus tu te mêles de conduire d'autres aveugles.

C'est tragique et, en même temps, plein d'humour. Nous sommes comme des enfants entêtés qui regardent le médecin qui se tient devant eux, le remède à la main. Au lieu de se détendre dans la confiance en fermant les yeux pleins d'espérance, ils se recroquevillent comme des animaux sauvages, hurlants, incohérents et prêts à toutes les sottises.

C'est justement quand il ne peut pas comprendre que l'homme veut comprendre.

Tentation naturelle : comme de s'aggriper à une planche sur une mer inconnue et démontée.

Oui, c'est naturel, mais ce n'est pas suffisant.

La foi est une dimension nouvelle de la vie dans son rapport avec l'invisible.

C'est difficile.

Et ce serait complètement insoluble pour l'homme si Dieu qui est Amour n'avait trouvé la solution au problème.

La solution c'est l'Esprit.

L'Esprit Saint, qui est l'Amour de Dieu, est comme le vent « dont on ne sait d'où il vient ni où il va » et qui renverse et claque les portes de Jérusalem à la Pentecôte.

Il est l'eau qui pénètre la terre aride et la féconde.

Il est le soleil qui réchauffe et vivifie les membres engourdis.

L'Esprit Saint qui est l'Amour de Dieu, la fécondité de Dieu, la créativité de Dieu, vient me visiter et me dit : « Dieu est ton père. »

D'abord il me le suggère tout doucement, puis plus fort et encore plus fort, et ainsi jusqu'à la fin.

Il est le Témoin de Dieu.

Il est une Présence qui agit avec force et douceur et qui, m'apportant la lumière de la vérité avec « d'indicibles plaintes », anticipe pour moi la plus profonde des prières : « Mon Père », en se tournant vers le Père alors que j'en suis encore incapable.

Oui, il est l'Esprit du Témoin présent en moi, et qui va et qui vient, qui tourne et retourne encore sans jamais se fatiguer parce qu'il est Amour et que l'Amour ne se lasse jamais.

Toi, tu voudrais bien lui hurler que ce n'est pas vrai, qu'il est impossible que Dieu soit Père ; Lui s'en va, te laisse blasphémer jusqu'à ce que tu sois fatigué, et puis le voilà de retour à l'improviste, posé comme une colombe sur les décombres, sur les détritus de ta fatigue, à te dire encore : « Dieu est ton père et tu es son fils. »

Oui, il est difficile, en voyant les choses de notre point de vue, de croire que Dieu est père, mais il est plus difficile de « ne pas croire », entourés et habités que nous sommes par un Témoin aussi diligent.

Que ce soit tout de suite ou plus tard, c'est nous qui devons céder.

Et puis... il est l'Amour et l'Amour est invincible, preuve qui vainc toutes les preuves.

L'Ecriture le dit : « *Et la preuve que vous êtes des fils, c'est que Dieu a envoyé dans nos cœurs l'Esprit de son Fils qui crie : Abba, Père !* » (Ga 4, 6).

Oui, il crie, il crie.

Et je L'entends si fort que je ne trouve plus d'arguments pour Le contredire, et que si je Le refusais, je pécherais contre Lui, c'est-à-dire contre l'Esprit, ce qui serait impardonnable, comme le dit Jésus (cf. Mc 3, 28).

Je préfère alors, dans les moments difficiles, reprendre les paroles de saint Paul :

« *L'Esprit en personne se joint à notre esprit pour attester que nous sommes enfants de Dieu. Enfants, et donc héritiers, héritiers de Dieu, et cohéritiers du Christ* » (Rm 8, 16-17).

Mon Père !

Voilà qui résume toute la révélation, toute la Bible, voilà le contenu de la « bonne nouvelle », voilà le terme de toutes les peurs.

Dieu est mon père au sens vrai, profond, authentique, vital.

Dieu est mon père et me protège. Dieu est mon père et m'aime.

Dieu est mon père et me veut avec lui pour toujours.

Si Dieu est mon père, je ne crains plus les ténèbres, car il habite aussi les ténèbres et les tire à la lumière en temps utile (cf. Ps 139).

Si Dieu est mon père, je suis en communication avec lui, je peux lui parler, l'écouter et lui dire : « Mon Père et mon Dieu. »

La chose est vraiment extraordinaire et elle est la source de tous les dons.

Avec Lui j'ai le don de la vie.

Avec Lui, j'ai le don de la vérité.

Avec Lui, j'ai le don de l'amour.

Et surtout, avec Lui, j'ai le don de la « maison ».

Toute mon expérience sur cette terre a mûri en moi l'idée de la « maison ».

Avoir une maison, vivre dans une maison.

Toutes les maisons que j'ai habitées ici-bas - positivement ou négativement - n'ont fait que susciter, mûrir, parfois exacerber l'idée que nous sommes faits pour vivre dans une maison, pour ne pas être seuls. Nous sommes faits de rapports avec les autres. Nous sommes faits d'amour, de douceur, de don de soi, de réciprocité.

Nous sommes faits pour aller dans une maison où il y ait un père, des frères, et d'où personne ne soit exclu.

Nous sommes faits pour une maison qui nous donne le sens de la stabilité, de la continuité, du repos.

Oui, nous sommes faits pour une maison où Dieu est père et où tous les hommes sont frères.

L'histoire du salut, l'histoire de ses étapes qui vont de « l'Alliance avec Dieu » ou « Il a habité parmi nous », de la « Présence de Yahwé » dans le campement du désert à l'« Incarnation du Verbe », c'est la traduction en acte d'un plan d'amour dans lequel nous sommes impliqués pour réaliser l'intimité avec l'Absolu de Dieu comme *Présence,* comme *Communion,* comme *Ensemble.*

Et lorsque, dans l'Apocalypse, saint Jean voit la fin des temps, dans une vision qui reprend toutes les réalités messianiques mises en œuvre après le triomphe du Christ, il se sert encore de l'image de la maison.

« *Et je vis la Cité sainte, Jérusalem nouvelle, qui descendait du ciel, de chez Dieu ; elle s'est faite belle, comme une jeune mariée parée pour son époux. J'entendis alors une voix clamer, du trône : "Voici la demeure de Dieu avec les hommes. Il aura sa demeure avec eux ; ils seront son peuple et lui, Dieu-avec-eux, sera leur Dieu. Il essuiera toute larme de leurs yeux : de mort, il n'y en aura plus"...* » (Ap 21, 2-4).

Oui, Dieu demeurera avec les hommes, dans la même « maison », et sa Présence sera si totale dans sa créature qu'elle repoussera, mieux, qu'elle surpassera les précédentes « présences », et jusqu'à celle du sanctuaire.

« *De temple, je n'en vis point en elle ; c'est que le Seigneur, le Dieu Maître-de-tout, est son temple* » (Ap 21, 22), où la lumière n'est plus la lumière terrestre mais la lumière même de Dieu. « *La ville peut se passer de l'éclat du soleil et de celui de la lune, car la gloire de Dieu l'a illuminée, et l'Agneau lui tient lieu de flambeau* » (Ap 21, 23).

Je m'abandonne à Toi

Dieu est mon père.

Ces simples paroles sont la proclamation de la plus importante prophétie qui ait trait à l'homme, et la réponse à toutes les interrogations posées par le mystère de la vie sur cette petite planète appelée Terre.

Cette prophétie s'étend à toute la création, répond à toutes les questions, apaise toute soif, remplit toute espérance, justifie toute attente, illumine l'obscurité : elle dit qui est l'homme.

Qui croit en elle est dans la lumière, qui ne croit pas reste dans les ténèbres.

Qui espère en elle est dans la joie, qui n'espère pas est dans l'angoisse.

Qui l'aime est dans la vie, qui ne l'aime pas est dans l'ombre de la mort.

Quelle signification peut avoir la vie de l'homme sur la terre, si cette vie ne débouche pas sur la vie éternelle de Dieu ?

Quelle signification peut avoir la paternité de l'homme si son destin est le néant ?

La logique de la vie se conclut-elle dans la mort ?

La joie de la lumière ferme-t-elle son rideau sur les ténèbres éternelles ?

Le feu de l'Amour s'éteindra-t-il dans l'étreinte du gel infini du néant ?

Non !

Le cœur du pauvre l'a senti depuis toujours. Et dans la prophétie de la paternité de Dieu si bien exprimée par saint Paul dans la lettre aux Ephésiens : « *Il nous a prédestinés à être ses fils adoptifs* » (Ep 1, 5), sont exposés sa force de vivre et son courage d'attendre.

Sous tous les cieux.

Dans tous les temps.

Oui, l'homme arriva sur terre déjà « appelé » et, au plus profond de lui, et peu à peu, il sut trouver sa vocation de fils.

C'est ce qui permet à Tertullien de dire que l'homme est né « naturellement chrétien », c'est-à-dire prédisposé et fait pour entendre le message du Christ.

Et le message du Christ c'est justement ce « Dieu est mon père - Dieu est ton père, ô homme ! »

Jésus n'a rien fait d'autre que témoigner, avec l'autorité « de qui vient d'en haut, de celui qui sait », une vérité déjà mise en œuvre, proclamant un absolu déjà décrété par l'amour de Dieu, et révélant un mystère caché depuis des siècles.

Cet absolu était déjà dans le cœur de l'homme.

Ce mystère est à son origine.

Moi, je l'ai déchiffré entre les lignes des espérances des pauvres et des plus humbles.

Je l'ai observé dans la patience et dans cette façon de vivre le silence des Indiens sur les rives du Gange.

Je l'ai vu dans les yeux pleins de confiance de l'homme du désert, quand il manifeste, par son *Inch'Allah,* son espérance en son lendemain pourtant incertain de faible créature.

Oui, si même confusément l'homme a compris son destin,

et y a trouvé le courage de vivre et la force d'attendre.

Parce que je mérite de vivre si Dieu est mon père.

Parce que je sais attendre si c'est Lui qui vient à ma rencontre.

Si Dieu est mon père, je peux être tranquille et vivre en paix : je suis assuré pour la vie et pour la mort, pour le temps et pour l'éternité.

Et de quelle assurance !

S'épouvanter : « Nous serons sept milliards sur la terre en l'an 2000 : qui nous nourrira ? », devient un blasphème, puisque les greniers et l'imagination de Dieu sont plus vastes que ma peur.

Si Dieu est mon père, je vaux quelque chose, je trouve en Lui ma vraie dignité.

Si Dieu est mon père, je ne vais pas continuer à répéter jusqu'à l'ennui : « Pourquoi... pourquoi... pourquoi ? », je dirai plutôt avec confiance et réalisme : « Tu sais... tu sais... tu sais. »

Si Dieu est mon père, je n'attribuerai pas l'abondance de la récolte aux seuls engrais, ni à la qualité de la semence, mais je m'habituerai à répéter ce que lui-même m'a suggéré : « Donne-nous aujourd'hui notre pain quotidien », faisant confiance, avec courage et dans la paix, à l'adversité des saisons et au devenir de l'histoire.

Si Dieu est mon père, je n'attribuerai pas au hasard les événements de la journée, mais je les considérerai comme des marques de son amour.

Si Dieu est mon père, je ne deviendrai pas brusquement incrédule devant un cataclysme naturel, ne réussissant plus à trouver le lien entre l'amour et l'adversité, entre l'existence de Dieu et le mal qui me frappe.

L'être Dieu et l'être Père signifie pour moi, son fils, que, malgré tout, Il est capable de transformer ce que nous appelons mal en bien, et d'orienter les événements mystérieux et incompréhensibles pour nous de façon à ce qu'ils deviennent positifs pour ses fils, selon ce que dit l'Ecriture : « *C'est en fils que Dieu vous traite. Et quel est le fils que ne corrige son père ?* » (He 12, 7).

Mais ici nous entrons dans le vrai problème qui rend difficile la vision du réel, en particulier pour qui n'est pas encore fort dans la foi et qui a une vision limitée du Tout.

Il y a, entre la prophétie annoncée par la parole de Dieu et ce qui apparaît à mes yeux, comme un télescopage, une sorte de contradiction permanente, souvent une négation.

On dirait même que les apparences ont été chargées par Quelqu'un ou quelque chose de nier la prophétie.

La prophétie dit à Abraham : « *Lève les yeux au ciel et dénombre les étoiles si tu peux les dénombrer. Telle sera ta postérité* » (Gn 15, 5).

La réalité visible répond : « *Un fils naîtra-t-il à un homme de cent ans, et Sara qui a quatre-vingt-dix ans va-t-elle enfanter ?* »

Du pain et du vin, Jésus dit : « *Ceci est mon corps, ceci est mon sang.* »

La raison de celui qui écoute répond : « *Elle est dure, cette parole ! Qui peut l'écouter ?* » (Jn 6, 60).

Jésus annonce, parlant de lui et de ce qui va lui arriver : « *Détruisez ce sanctuaire, et en trois jours je le relèverai* » (Jn 2, 19).

Quand il apprend qu'on a vu le Ressuscité, Thomas déclare : « *Si je ne mets ma main dans son côté, je ne croirai pas* » (Jn 20, 25).

C'est pourquoi, quand j'annonce à propos de l'univers et des contradictions des apparences : « Dieu est père », tout me répond : « Lubies ! Comment est-ce possible ? Regarde les injustices, regarde ceux qui ont faim, regarde quel enfer est devenu la vie humaine. Comment est-il possible que Dieu soit père ? Mon enfant est mort, comment est-il possible que Dieu soit père ?

Une voiture m'a renversé, et a ruiné mon existence. Pourquoi n'est-Il pas intervenu ?

J'ai travaillé toute ma vie pour construire ma maison et vivre en paix. Un incendie me l'a détruite. Pourquoi ne m'a-t-Il pas aidé ?

J'étais heureux avec ma femme et mes enfants. Après tant de sacrifices, tout commençait à aller bien. Et maintenant j'ai une leucémie qui me ronge petit à petit. Comment peux-tu me dire que Dieu est Père ? »

Oui, ce n'est pas rien de répondre à ces contradictions.

Ce n'est pas rien de croire à la prophétie de la parole de Dieu.

Et je ne cesserai jamais de répéter que le plus terrible effort de ma vie a été celui de croire.

Et je pense qu'il en est ainsi également pour vous.

Croire n'est pas une dimension de la nature ; c'est déjà une dimension divine en nous.

Ce n'est pas avec ma raison que je puis affirmer la présence du Christ dans l'Eucharistie, ou sa résurrection des morts.

C'est avec la foi.

Et la foi est une vertu théologale déposée en nous par Dieu comme et quand il l'a voulu.

Je sais que la réalité visible contredit la réalité invisible, je sais que les événements terrestres sont incompréhensibles et qu'ils sont sans cesse heurtés par la vision eschatologique du Royaume.

Mais je sais aussi, et j'en ai mille fois fait l'expérience, que lorsque je « crois », lorsque j'affirme de toutes mes forces que la parole de Dieu est éternelle et que la prédiction s'accomplira, je bouleverse le réel, je surmonte ma pesanteur, j'entre dans une orbite de lumière, je vis une réalité divine, je réalise en moi le Royaume, je vaincs le monde qui m'entoure et qui cherche à m'étouffer.

Quand je crois, je ne suis plus seulement un homme, je suis déjà fils de Dieu.

Et je suis fils d'un Dieu qui est le maître de l'univers et préside un Royaume qui recrute ses citoyens sur la terre, mais qui, après les avoir recrutés, les conduit vers une autre réalité mystérieuse qui n'est plus d'ici-bas.

C'est Lui qui disait avec force à qui lui demandait s'il était Roi : « *Mon Royaume n'est pas de ce monde* » (Jn 18, 36).

Il est difficile de se souvenir de cette vérité. Le visible nous rend constamment oublieux de l'invisible. « *Ce monde* » nous conditionne tellement qu'il nous est difficile de penser qu'il en existe un autre.

Et nous nous étonnons constamment ; pire, nous nous scandalisons.

Si un enfant meurt, nous interrogeons l'invisible avec un douloureux « Pourquoi ? ».

Si, après avoir construit une maison, créé une famille, vécu avec nos enfants, nous restons seuls dans notre vieillesse, assistant à la dissolution de notre passé, nous nous étonnons encore, et, nous accrochant désespérément à ses restes, nous nous débattons pour prolonger encore un peu notre séjour ici-bas ; et nous ne tenons plus du tout compte du fait que les réalités invisibles doivent nous absorber pour nous transformer et nous emporter au-delà des réalités terrestres.

La terre n'est pas une fin en soi.

Ce que je vois aujourd'hui n'est qu'un début : la suite je la verrai après.

Si la terre était sa propre fin, elle serait incompréhensible, tout à fait hostile.

Si elle était sa propre fin, si notre douloureuse histoire d'homme devait se conclure ici-bas, je n'aurais aucune difficulté à cataloguer parmi les criminels celui qui, d'une façon ou d'une autre, l'a pensée, construite, et mise en mouvement.

Vous êtes surpris d'un accident de la route qui blesse quelqu'un ou défigure une jolie fille ?

Entrez dans un hôpital, et vous verrez que presque tout n'est qu'accident de la route où se multiplie à l'infini l'incompréhensible déformation de l'homme.

Vous vous scandalisez d'un régime militaire qui torture un guérillero capturé dans les bois ?

Pourquoi alors ne pas se scandaliser des atroces tortures que la nature inflige à ceux qui se meurent du cancer, des mois, parfois des années durant ?

Non, pour moi rien ne peut justifier la terre comme fin en soi, la création limitée à notre terrible existence humaine.

Aucune logique ne peut expliquer pourquoi moi, sans l'avoir voulu, je me suis trouvé dans cet immense imbroglio de l'histoire, à vivre une réalité qui, comme dit le psaume, est « peine et tourment » (Ps 89, 10).

Tout ce qui m'entoure est terriblement incomplet, incompréhensible, provisoire, douloureux, arbitraire, et si je ne le considérais comme une partie d'un tout, un premier temps qui en connaîtra d'autres, un début qui s'expliquera dans un développement à venir, « au-delà de ce que je vois », je ne pourrais faire moins que traduire en justice Dieu lui-même qui a si mal fait les choses, qui a fait une terre pleine de failles, sujette aux tremblements de terre, et des cieux assez fous pour détruire les cabanes des pauvres pêcheurs. Devant la réalité, la réalité visible à mon regard d'homme, il n'y a pas d'autre choix : ou la maudire parce que fille dégénérée d'un père insensé, ou l'accepter comme mystère.

L'Esprit de Dieu qui m'habite me dit de l'accepter comme mystère.

Sa voix me l'atteste sans cesse.

Et moi j'en témoigne auprès de mes frères en leur disant : « Oui, Dieu est le Seigneur de l'Univers. »

Il est le Seigneur, même si la mer se déchaîne.

Il est le Seigneur, même si je souffre et je pleure.

Il est le Seigneur, même si le temps détruit ma maison.

Il est le Seigneur, même quand arrive l'heure de ma mort.

C'est justement l'heure de ma mort qui me donnera l'explication.

C'est ce moment incompréhensible pour moi en tant que fils d'homme qui deviendra lumière au fils de Dieu que je suis.

C'est en mourant que je comprendrai le pourquoi de la vie.

C'est en mourant que, comme un atome comprimé par tout le poids de l'univers, ou réchauffé par la chaleur sans limite de l'amour, j'exploserai dans l'éternité de Dieu.

La mort est la porte de la Résurrection.

La mort est l'entrée dans la plénitude de la vie.

La mort est le plus grand secret qui doit être révélé.

Fais de moi ce qu'il Te plaira

Je pense à la mort.

Je voudrais la voir comme une vie, comme le bois nécessaire au feu,

comme le champ qui renferme le trésor,
comme le livre à ouvrir,
comme la graine qui va éclore,
comme le secret que je dois connaître,
comme le passage que je dois accomplir.

Le mot le plus juste est justement celui-ci : « passage ».

En effet la mort a été représentée par le passage des Hébreux à travers la Mer Rouge, et, d'une façon définitive, par le « passage » du Christ à travers son exode dans la nuit de la Résurrection.

C'est l'instant qui précède la lumière.

C'est l'état d'attente.

C'est la foi dans le Dieu créateur.

C'est l'espérance que l'on met dans le Dieu de l'Impossible.

C'est l'amour que nous réclamons pour posséder définitivement l'Amour.

Celui qui nous a dit tout ceci et l'a rendu actuel, c'est Jésus.

Jésus le Fils premier-né.

Le premier ressuscité des morts.

C'est Lui qui, après être passé victorieusement par la mort, et après en avoir payé le prix, se tourne vers nous pour nous dire : « *Gardez courage ! J'ai vaincu le monde* » (Jn 16, 33).

Ce qui est arrivé la nuit de la Résurrection nous concerne personnellement.

Ce fut le vrai « passage » de toute l'humanité dans le Christ, chef du Corps qu'est l'Eglise ; ce fut le commencement du salut.

Et ce qui est arrivé est tellement extraordinaire que l'Eglise en semble folle de joie dans l'*Exultet.*

C'est qu'il y a vraiment de quoi devenir fou : voir quelqu'un ressusciter des morts ; la vie qui renaît des cendres éteintes de l'humanité, l'éclair inattendu qui jaillit des ténèbres.

Cela signifie que Dieu est Dieu, que la vie continue, qu'il y a une explication à toutes choses, même les plus incompréhensibles ou apparemment scandaleuses.

Cela signifie que l'homme est éternel et que la mort, qui lui a d'abord fait si peur en dominant douloureusement son existence, lui est désormais expliquée, assimilée, comprise, vaincue.

Maintenant je peux rire, rire même de ma peur.

Maintenant que j'ai vu le Christ ressuscité, je peux affronter ma mort avec assurance.

Moi aussi je ressusciterai.

Mais permettez que je tente d'élargir le concept de mort comme « passage » à ce qui nous arrive chaque jour, à toute heure, à tout instant de notre existence spirituelle et physique.

Généralement nous ne donnons le nom de mort qu'à ce moment où l'on expire, c'est-à-dire au terme de notre existence terrestre.

Mais la réalité est plus profonde et plus universelle, et je pense que la mort concerne non seulement le dernier jour de notre vie humaine, mais, comme je le disais, chaque jour de notre vie.

Chaque instant de notre existence contient une douloureuse réalité de mort, et, à cause de la Résurrection du Christ, un caractère explosif de résurrection.

Ces deux réalités sont cachées en nous comme le sont la mort et la résurrection de Jésus.

« *Nous portons partout et toujours en notre corps les souffrances de mort de Jésus, pour que la vie de Jésus soit, elle aussi, manifestée dans notre corps* » (2 Co 4, 10).

Le conflit entre les deux réalités, c'est le passage dans le Royaume, ce Royaume que Jésus nous a annoncé comme déjà « *présent en nous* » (Lc 17, 21) et qui se développe et croît pour atteindre sa plénitude à la fin des temps.

C'est le passage entre le visible et l'invisible, la frontière entre la nature de l'homme et la nature de Dieu, le fruit de tout désir de bien, le prix de tout sacrifice, la ratification de tout acte d'amour, l'authentique et lente gestation de fils du Père.

Oui, le binôme mort-vie, marqué, expliqué, magnifié par la mort et la résurrection du Christ qui lui ouvre les portes du Royaume, est sans aucun doute la clef de voûte de tous les pourquoi qui nous obsèdent, et la réponse aux contradictions du cœur humain.

L'association et surtout le choc de la mort et de la vie manifestent le devenir des choses, l'évolution permanente de la création, les sautes de la vie, les jours resplendissants de la Genèse, et la façon dont Dieu agit pour engendrer son fils et lui transmettre son expérience d'amour.

Quand nous mourons à la terre, nous naissons à un mode d'être supérieur qui s'appelle la vie divine en nous.

Quand nous mourons à la terre, nous sortons progressivement de l'utérus des choses et de l'histoire, pour faire nôtre, peu à peu, la stabilité du Royaume et la totale communication avec Dieu.

S'il en est comme l'annonce l'Evangile de Jésus, et comme le soutient l'espérance qui est en nous, nous devons changer de perspective de pensée, et nous habituer à voir les choses inversées dans leur vraie réalité.

C'est la terre qui est signe du ciel, et non pas le ciel signe de la terre.

C'est le soleil qui est signe du Christ et non pas le contraire.

C'est tout ce que je vois qui est signe, rappel, signification de ce que je ne vois pas.

Tout est signe d'une réalité invisible bien plus importante que la réalité visible.

Ce qui doit venir est beaucoup plus important que ce qui est déjà venu.

Demain est meilleur qu'aujourd'hui.

Ce que j'ai est signe de ce que j'aurai et qui lui sera supérieur, comme l'enfant est plus que le fœtus, et la maturité plus grande que l'immaturité.

Oui, demain sera meilleur qu'aujourd'hui, et cette certitude m'est donnée par la foi en Dieu qui est amour.

L'amour avance, il ne va pas en arrière.

L'amour crée, il ne détruit pas.

L'amour vit, il ne meurt pas.

Je dois m'habituer, en regardant ma vie humaine, à voir

tout comme signe de cette vie divine que le Christ me transmet et qu'il nourrit jour après jour.

Mon père et ma mère sont les signes d'un autre père, d'une autre mère que j'aurai dans le Royaume ; la maison que j'habitais enfant et qui n'est plus aujourd'hui, détruite par le temps, est le signe d'une autre maison qui ne sera jamais détruite.

Mes frères et sœurs avec qui j'ai vécu sont signes d'autres frères et d'autres sœurs qui vivront avec moi dans le Royaume éternel du Père.

L'aliment qui m'a nourri, le feu qui m'a réchauffé, les collines où je me suis amusé, sont les signes d'un autre aliment, d'un autre feu, d'autres collines que j'aurai dans le Royaume.

L'assemblée liturgique même où j'ai pris place, l'Eucharistie même que j'ai prise avec tant de douceur, sont les signes vivants d'une autre Assemblée où je prendrai place dans le Royaume, nourri enfin d'un aliment unique : Dieu lui-même.

Qu'il est bon de penser que tout est signe de ce monde invisible où je suis plongé et que la foi me fait découvrir, que l'espérance ranime, que l'amour me donne.

Tout est signe !

Mais si, de signe en signe, nous montons toujours davantage, nous arrivons au paradis dont le signe est l'amour ou la maison.

La maison où l'on aime, c'est le paradis.

Qu'on l'appelle ciel, qu'on l'appelle royaume, c'est la même chose.

Et c'est ce vers quoi, fondamentalement, tend tout homme sur cette terre.

Quand j'étais dans le désert de Tamanrasset, ou de Béni-

Abbès, et que je voyais passer sur les pistes les hippies, ceux qui sont courageux - les vrais hippies -, je pouvais évaluer, à la pesanteur de leur marche et de leur voyage, le nombre d'années survenues depuis qu'ils avaient quitté leur maison.

Plus le temps passait, plus ils marchaient lentement, et plus ils désiraient s'arrêter longtemps dans notre communauté.

Ils avaient laissé une maison qu'ils n'aimaient pas, un monde qu'ils détestaient, des structures qu'ils fuyaient, et allaient - souvent sans même en avoir conscience, ou sans le vouloir - à la recherche d'une autre maison, d'un autre monde, d'une autre structure qui résume et exprime la recherche d'un monde, d'une structure, d'une maison dont ils avaient l'image au plus profond d'eux-mêmes.

C'est inexorable.

L'homme, sur cette terre, est à la recherche d'une maison.

Il la cherche comme lieu où vivre, respirer, aimer, se reposer.

Celui qui, comme l'orphelin, n'a pas eu l'expérience d'une maison authentique, la cherche avec une insistance douloureuse.

Celui qui, au contraire, a eu l'expérience d'une maison, mais fausse, vide d'amour, troublée, une maison où l'on crie, où l'on se déteste, cherchera toute sa vie l'opposé de ce qu'il a connu et restera toujours un malade, un blessé.

Quel traumatisme que n'avoir pas été aimé !

Quelle angoisse que n'avoir pas eu de maison !

L'idée de maison et l'idée de paradis s'identifient, et nul homme n'arrivera à se libérer de ce subconscient de son existence, parce que tant la maison que le paradis sont un renvoi au premier commandement que Dieu a mis en nos cœurs.

Tu cherches la maison parce que tu cherches l'amour.

Tu cherches le paradis parce que tu cherches l'amour.

L'amour c'est le paradis, le non-amour c'est l'enfer.

L'homme a besoin d'aimer comme il a besoin de respirer ou de manger.

« *Celui qui aime est dans la vie ; celui qui n'aime pas demeure dans la mort* » (cf. 1 Jn 3, 14).

Impossible de se faire d'illusion, même en arborant le drapeau de la justice.

Seul l'amour rassasie totalement l'homme.

Et Dieu en effet le placera au sommet. Il s'identifiera avec l'Amour même.

L'Amour c'est la vie de l'homme, sa subsistance, son complément, son ravissement, sa plénitude.

On ne peut vivre sans amour ; il suffit de voir le contraire pour comprendre l'enfer.

L'enfer c'est le non-amour ; nous en avons déjà la preuve sur cette terre.

Et l'amour c'est ce vers quoi tend constamment la vie sur la terre.

Tous les amours que nous découvrons peu à peu et que nous vivons dans notre existence - nourriture, amitié, sexe, culture, bien, justice, lumière - ne sont que des degrés qui partiellement préparent, développent, purifient l'amour total, saint, plénitude de tous les amours : l'amour de Dieu qui sera notre héritage éternel, le feu dévorant de notre paradis.

Nous comprendrons alors pourquoi nous sommes nés, pourquoi Dieu nous a appelés à la vie.

Tout s'explique dans l'amour de Dieu.

Voici comment la Bible le résume (Dt 6, 4 ss) :

« *Ecoute, Israël : Yahvé notre Dieu est le seul Yahvé. Tu aimeras Yahvé ton Dieu de tout ton cœur, de toute ton âme et de tout ton pouvoir. Que ces paroles que je te dicte aujourd'hui restent gravées dans ton cœur ! Tu les répéteras à tes fils, tu les leur diras aussi bien assis dans ta maison que marchant sur la route, couché aussi bien que debout ; tu les attacheras à ta main comme un signe, sur ton front comme un bandeau ; tu les écriras sur les poteaux de ta maison et sur tes portes.* »

Tu peux venir, ma mort !
tu peux venir, je t'attends.
Aujourd'hui tu ne me fais plus peur.
Tu n'es plus mon ennemie.
Tu es ma sœur.
Je te regarde en face.
Maintenant je te comprends.

Et cependant que tu t'avances vers moi, je te dis, en pensant à celui qui te tient dans sa main puissante : « Fais de moi ce qu'il te plaît ».

Je te le dis au plus profond.
Je te le dis en vérité.
Je te le dis avec amour :
« Fais de moi ce qu'il te plaît ».
Habitue-moi à cet abandon extrême.
Habitue-moi à cet examen jamais achevé,
à ce baiser jamais terminé,
à cette monnaie toujours échangée,
à ce dialogue toujours ouvert.

Habitue-moi peu à peu, en me distribuant ma mort chaque jour de ma vie.

Mets-la dans mon pain comme cendre et sable, afin que je ne « *vive pas seulement de pain* » (cf. Mt 4, 4).

Mets-la dans ma maison comme « manque de quelque chose », afin que je ne me suffise pas de la limite du visible.

Mets-la comme insécurité dans mes sécurités, afin que je ne fixe ma certitude que dans Celui qui est l'Absolu.

Mets-la comme un rappel au milieu de mes fêtes, afin que

je m'habitue à être seul comme à cet instant où je serai seul avec toi.

Quand il mourut, mon père me demanda d'être près de lui. Il avait confiance en moi et nous nous aimions.

Dieu m'accorda la grâce de passer avec lui la dernière nuit.

Assis près de lui, je lui tenais la main et je sentais à la pression de ses doigts ce qu'il voulait me dire.

C'était comme s'il voulait s'appuyer sur moi, mais il regardait fixement devant lui.

De plus en plus il était seul.

Au moment de quitter la terre, aux frontières de l'invisible, il était seul.

Personne ne pouvait l'aider.

Il était seul.

Oui, on est vraiment seul quand on meurt.

Toutes les aides s'évanouissent.

On est seul avec Dieu.

Au moment du passage, seule la main de Dieu peut te prendre par la main.

Moi, j'avais retiré la mienne.

Ce n'est qu'à Dieu qu'on peut alors dire : « Fais de moi ce qu'il te plaît », parce qu'il est le seul qui, étant Dieu, ne peut faire défaut à notre espérance.

Quoi que Tu fasses de moi, je Te remercie

Que veux-tu faire de moi, Seigneur ?

Ton Esprit me l'a dit et le répète continuellement en moi : « *Je veux faire de toi mon fils* ».

Je t'ai appelé du néant pour que tu sois mon fils.

Je me suis servi de tout le cosmos pour faire ton corps.

J'ai copié ma réalité divine pour faire ta conscience.

J'ai fait appel à l'amour pour t'habiter.

Maintenant que je t'habite, tu dois être mien et moi tien.

Mien pour te faire davantage mien.

Mien pour t'avoir avec moi pour toujours.

Mien pour te faire comme moi : libre.

Mien pour t'apprendre à aimer comme j'aime.

Et pourquoi, mon Dieu, me fais-tu attendre si longtemps pour voir réalisée ta volonté ?

Pourquoi as-tu utilisé les époques géologiques pour me donner un corps ?

Pourquoi tant de millénaires pour faire mon histoire ?

Pourquoi toute une vie d'immaturité pour obtenir de moi une lueur de vraie lumière, un brin d'amour grand comme un grain de sénevé ?

Ne pouvais-tu faire de moi ton fils sur le champ ?

Et un fils qui sache aimer ?

Pourquoi le temps ?

Pourquoi l'attente ?

Pourquoi les risques d'un si long voyage ?

Peut-être ne me diras-tu jamais comment, parmi les mille et une manières que ta sagesse avait à sa disposition pour faire de moi ton fils, tu as justement choisi celle-là. Peut-être veux-tu que je le découvre par moi-même.

Tu as choisi la voie qui va du chaos à l'harmonie de l'unité,

de la Genèse à l'Apocalypse,

de la conception à la naissance, de la matière insensible aux merveilles de la conscience,

de la préhistoire à l'histoire, de l'amour humain à la charité divine.

C'est la voie de l'évolution de la vie.

C'est le chemin de l'expérience.

C'est le chemin du dialogue.

C'est le chemin de la recherche.

C'est le chemin de la foi.

C'est le chemin de l'espérance.

C'est le chemin de l'amour.

Quand j'essaye de penser à ce que tu réalises en moi, j'ai la nette impression que tu ne veux jamais rien m'imposer.

Tu proposes. Et, de plus, c'est une proposition faite en silence, dans un silence sans limite et qui sait attendre jusqu'à la fin du monde.

Ton silence est si grand, ton attente si radicale, que les moins avertis risquent de les confondre avec la mort : la mort de Dieu.

Mais il n'en est rien, et je le sais.

Tu proposes, tu fais silence, tu attends pour ne pas nous faire violence.

Tu veux que nous venions à ta rencontre, tu nous veux libres.

Parce que justement tu veux nous éduquer à la liberté.

L'unique danger que court Dieu à nos yeux c'est d'être tyrannique, et toi, tu ne veux pas courir ce risque.

Tu crées, et tu caches si bien ta puissance créatrice que tu donnes aux choses créées l'impression qu'elles se sont faites par elles-mêmes.

Tu appelles ton peuple au salut, tu lui fais traverser le désert, tu le nourris de la manne, tu le désaltères de l'eau de la roche, tu abats les murs de Jéricho, tu lui fais conquérir la terre promise, et, quand tout est fait, ton peuple est persuadé qu'il n'avait pas besoin de toi, que ce qui a été fait l'a été par sa propre habileté et puissance, et non par la tienne.

Et il en est si convaincu qu'à la première occasion il t'abandonne et va chercher une quelconque idole à adorer.

C'est que tu es extrêmement astucieux et que nul mieux que toi n'est capable de se cacher.

Ton serviteur Isaïe aimait à dire à ton propos : « *le Dieu caché* » (Is 45, 15).

Tu te caches dans la création.

Tu te caches dans l'histoire.

Tu te caches dans l'Incarnation.

Tu te caches dans l'Eucharistie.

Tu te caches en nous.

Tu te caches toujours.

Et tu veux que nous te découvrions... ainsi... par nous-mêmes. Si nous l'estimons opportun.

Si nous en ressentons le besoin.

En général, c'est le besoin qui nous pousse à te chercher.

Le besoin d'absolu, d'éternel, de lumière, de liberté, d'amour.

C'est surtout dans nos contradictions que nous te cherchons, quand nous ne savons plus où donner de la tête ou que nous sommes excédés d'attendre.

Mais même à ces occasions, tu caches ton action et tu nous donnes l'impression que nous sommes les propres acteurs de notre recherche.

Je crois que c'est toujours pour la même raison : tu ne veux pas nous faire violence.

Tu ne veux pas d'un mariage d'intérêt, tu ne veux pas porter atteinte à notre liberté.

Et quand nous nous levons pour aller à toi et que nous suivons le chemin que tu nous as préparé depuis toujours, nous nous sentons parfaitement libres.

Nous ne nous apercevons même pas que nous mettons les pieds dans les traces mêmes que tu as laissées en venant vers nous.

Que de temps pour comprendre que tu es l'être et le vouloir, l'inspiration et l'actualisation, le projet et l'histoire !

Moi, je l'ai découvert dans l'obscurité de la foi.

C'est au cœur de la foi que j'ai trouvé le lieu de libre rencontre de l'homme avec Toi, le climat divin ou Tu en fais « ton fils » sans le conditionner par ta puissance, sans l'effrayer par trop de lumière.

« *Yahvé, notre Seigneur,*
qu'il est grand ton nom par toute la terre ! »

(Ps 8, 2.10)

« *Hautes sont mes pensées au-dessus de vos pensées.* »

(Is 55, 9)

La voie que Dieu a choisie pour faire de nous ses fils, capables de relations et d'amour, c'est la voie de l'évolution, la voie de l'expérience, de la recherche, du dialogue, de l'histoire.

Et, pour être telle, elle doit être la voie de la liberté.

Sans liberté, pas de recherche, sans liberté pas de dialogue, sans liberté pas d'amour.

Tout serait conditionné, instrumentalisé, décidé.

Tout aurait le côté fatal d'une combinaison chimique, ou encore apparaîtrait comme une manifestation folklorique ennuyeuse d'un quelconque régime totalitaire.

Mais les goûts de Dieu sont tout autres ; ayant choisi la terre comme lieu de rencontre entre Lui et nous, il en a fait le lieu de rencontre entre le chaos et l'harmonie,

entre la lumière et les ténèbres,
entre la vie et la mort,
entre la haine et l'amour,
entre le ciel et la terre.

Dans ce climat de contrastes l'homme joue librement son salut.

Il crée sa cité.

Il réalise son dessein.

Mais, pour cette création et cette réalisation, ses mains d'homme se confondent avec la main créatrice de Dieu, le soc de sa charrue creuse une terre qui est la terre de Dieu, son « être de fils d'homme » se confond avec son « être de fils de Dieu ».

Comme il est difficile de distinguer les deux origines !

Qui peut comprendre le mystère de cette union ?

Est-ce toi qui fais, mon Dieu, ou est-ce nous ?

Est-ce notre travail qui produit le grain, ou est-ce le mystère de ta volonté ?

Où s'arrête ton action et où commence la nôtre ?

D'aucuns disent : « Tout vient de Dieu », et d'autres répondent : « Tout vient de l'homme. »

On dirait la même chose.

Finalement le dessein semble le même, et il n'est pas difficile de le découvrir.

A un cœur simple et pur, il suffit de regarder un nid d'oiseaux ou le terrier d'un lièvre pour comprendre l'inspiration de tout le projet.

Et tu ne sais s'il vient de Dieu ou de nous.

Nous aussi nous sommes émus devant un nid de passereaux et nous ne saurions trouver un meilleur symbole de ce Règne que tu nous as décrit dans la plénitude des temps et vers lequel tu nous as envoyé.

Un nid, un terrier, une maison, un amour, une stabilité, une paix, un être ensemble, un s'aimer, une solidarité, une fraternité universelle.

Quelle différence peut-il y avoir entre ce que tu nous proposes et ce que nous ressentons ?

N'est-ce pas la même chose ? Les paraboles du Royaume ont en nous un écho assez profond pour être acceptées dans la joie et la vérité.

Elles auraient pu être écrites par l'un de nous.

Mais le dessein primitif est-il tien ou est-il nôtre ?

Est-ce Toi qui nous crées pour Toi, ou est-ce nous qui, assoiffés de Toi, t'inventons ?

Est-ce Toi qui nous as suggéré le « Notre Père », ou est-ce l'expression de la prière née en nous ?

Tout cela concorde à tel point que beaucoup ont l'impression que, même si tu n'existais pas, nous t'aurions inventé.

Nous ne savons jamais si ta proposition nous précède ou si elle est née ainsi, par hasard, en nous.

Si tu as désiré être notre père, ou si c'est nous qui avons désiré être tes fils.

Si c'est Toi qui nous proposes l'amour, ou si c'est nous qui découvrons que nous voulons aimer.

Oui, le Dieu de la foi,
le Dieu de la création,
le Dieu de l'Eglise,
le Dieu des hommes
sont exactement la même chose.

Nos pas foulent à nouveau les traces que tu as faites.

Si je devais te définir, je ne dirais que ceci : « Tu es celui qui m'a précédé ».

Mais là où les choses se compliquent - ou plutôt s'éclaircissent -, c'est dans l'application concrète.

C'est dans l'adaptation de l'idéal au réel que se manifeste la rupture.

Nous rêvons une chose et en faisons une autre.

Nous voulons le bien et faisons le mal.

Nous parlons d'amour et nous haïssons.

Là où il y a la lumière, nous mettons les ténèbres.

Là où il y a la joie, nous semons la tristesse.

Quel désastre que la construction de la cité terrestre !

Une vraie Babel !

Et à toutes les époques !

Nous marchons en sens inverse sur la route que nous avons librement choisie.

Au lieu de créer une cité libre et sereine comme un nid d'alouette, nous construisons un repaire de voleurs.

Peut-on trouver spectacle plus triste que les cités des hommes, fussent-elles New York, Tokyo, Hong Kong, Chicago, Milan !

Ici l'un meurt de faim, là un autre meurt d'indigestion.

Ici l'un meurt d'ennui, là un autre meurt de fatigue.

Comment tout cela est-il possible ?

Pourquoi notre histoire doit-elle être une histoire d'égoïsme, d'oppression, de violence, de péché ?

A y bien penser, il y a de quoi être découragé et perplexe, surtout quand on réalise que ce mal n'appartient pas à un passé révolu, mais à cette époque, la nôtre, ou c'est nous - si éclairés, croyons-nous - qui agissons.

Y a-t-il eu une époque qui, plus que la nôtre, ait présenté un tableau aussi hallucinant de guerres, de génocides, de tortures, de camps d'extermination, de famines meurtrières ?

Quelle puanteur de cadavres dans cette société pourtant techniquement élaborée !

Il n'y a vraiment pas de quoi être fier, car nous sommes tous devant nos vraies contradictions.

Mais cette découverte de nos contradictions ne nous fait-elle rien voir ?

Si, de prime abord, nous ne réussissons pas à découvrir ce qui, dans le projet, était nôtre et ce qui était de Dieu, maintenant, devant ces contradictions, sommes-nous encore dans le doute ?

Ou sommes-nous obligés finalement de distinguer ce qui vient de Dieu et ce qui vient de nous ?

Oui, dans nos contradictions, nous découvrons Dieu distinct de nos infâmies, et justement là pour nous apporter la contestation avec son Evangile de salut.

C'est dans notre péché que nous redécouvrons profondément Dieu ; c'est en touchant le fond de l'abîme du mal que nous trouvons Dieu à nos côtés.

C'est dans notre faiblesse que nous en ressentons le besoin.

Si le fils prodigue, que nous sommes chacun, n'avait pas connu son père avant son départ, à son retour il comprit qui il était, et il eut tous les éléments pour le découvrir dans le don immense de sa miséricorde qui se révélait alors.

Je crois que jamais Dieu ne se révèle mieux à l'homme que dans l'abîme de la misère humaine.

C'est à Babel qu'Israël redécouvre son Dieu, et c'est dans cette épouvantable solitude, dans cette obscurité que naîtra en lui l'authentique espérance.

L'espérance qui soutiendra les quelques-uns qui restent et les préparera à accueillir finalement les temps messianiques.

Et pour nous qui ne sommes pas différents d'Israël, les temps messianiques sont aussi à notre porte.

On doit même dire que chacun de nous est Israël.

Et, de même qu'Israël a découvert le vrai mystère de Dieu dans sa propre faiblesse, de même façon nous aussi nous le redécouvrirons.

Le chemin que nous devons parcourir dans la cité terrestre, pour la rendre le plus possible ressemblante au dessin que nous avons en nous de la cité céleste, nous révélera notre vrai visage ; il sera comme la preuve de notre maturité ou de notre immaturité, l'impulsion à faire toujours mieux, l'appel à la vérité, et surtout la soif de trouver dans notre mystère d'homme la source de cette vie divine qui est la seule capable de réaliser l'impossible sur cette terre : une vie d'amour parmi des hommes libres.

Est-ce une utopie ?

Bien sûr, c'est une utopie.

Tout ce que Dieu propose à l'homme est si grand que ce doit être catalogué comme utopie.

« *Soyez parfait comme est parfait votre Père qui est dans les cieux* » (Mt 5, 48).

Utopie !

« *Aimez-vous comme je vous ai aimés* » (Jn 13, 34).

Utopie !

« *Ne jugez pas* » (Lc 6, 37).

Utopie !

« *Bénissez ceux qui vous maudissent* » (Lc 6, 28).

Utopie !

C'est l'utopie de l'amour.

Et c'est en cherchant à vivre cette utopie jamais réalisée en nous que nous réussissons à connaître ces deux grandes inconnues : Dieu et l'homme.

Et à les placer de front.

Et à les faire selon l'éternel dessein de Dieu : l'un le Père et l'autre le fils.

Je suis prêt à tout, j'accepte tout

S'il fallait exprimer en un dessin le thème de la création, s'il fallait dire quelle est la clef du mystère dans lequel nous vivons, de l'obscurité qui nous enveloppe et nous contient, je n'hésiterais pas à dessiner le ventre d'une femme qui porte un enfant en gestation.

Au centre de l'univers, la douceur d'un sein maternel, la réalité d'une créature qui se fait, le mystère d'une vie fécondée par l'amour qui reproduit en soi le visage de qui l'a engendré, représente d'une façon extraordinairement authentique ce qui arrive à chacun de nous, engendré par Dieu.

Tout le cosmos n'est que l'immense « milieu divin » de notre naissance de fils.

Toute l'histoire n'est que la succession d'épisodes qui touchent directement celui qui mûrit, enveloppé dans le temps et l'espace, se dirigeant peu à peu vers la porte de sortie des choses, « hors des eaux ».

Le jour de la naissance de chacun de nous, ce sera le jour où il sortira au-delà des choses, dans ce que Jésus a défini comme le Royaume.

Pour le moment, dans le temps, tout est ventre, tout est gestation, tout est milieu, tout est devenir, tout est provisoire par rapport au Royaume qui est déjà en nous, mais pas encore parvenu à son accomplissement.

Tout est obscur, justement parce que ventre, tout est souffrance parce que gestation et immaturité.

Dieu nous façonne ainsi. Avec les choses, avec les événements, avec l'histoire, comme la mère nourrit son enfant de son lait et le réchauffe de son amour.

Ce qui est difficile et long à réaliser, c'est que, dans ce processus, il y a deux acteurs et non pas un.

De même qu'il y a la mère et l'enfant, il y a Dieu et l'homme.

Même si souvent ils peuvent paraître un, tant ils sont unis, en réalité ils sont deux.

Tôt ou tard, l'un dit à l'autre : Toi.

La découverte du « tu », de l'« autre » se fait dans la foi.

C'est dans la foi que l'on fait l'expérience de la personne divine et que, bien que ne la voyant pas encore, nous commençons à l'appeler « Père ».

Mais c'est une longue histoire.

Pendant des années on regarde, on pense, sans rien dire.

Et puis tout à coup, on ne sait comment, dans le silence de la nuit ou sur une route blanche inondée de soleil, on commence à dire : « Père ».

Et à sourire.

Tout est là.

Arriver à dire « Père » en amour et en vérité signifie que l'on a passé le cap de la véritable génération divine.

« *Mais à tous ceux qui l'ont reçu il a donné le pouvoir de devenir enfants de Dieu.*

Parce qu'ils ne sont nés ni du sang, ni de la volonté de la chair, mais de Dieu » (Jn 1, 12-13).

Ce jour est un grand jour, et je pense que tôt ou tard il viendra pour tous. Non pas en raison de nos qualités, mais parce que Lui, à force de nous voir faire la moue, finit par arriver à nous faire dire « Père », et que c'est sa volonté d'amour qui nous investit continuellement et nous sollicite avec insistance.

La gestation d'un enfant dure neuf mois. Notre gestation de fils de Dieu dure toute notre vie d'homme.

Dans le sein maternel, l'enfant a peu d'espace pour sa liberté, dans le sein de Dieu l'espace est immense.

Mais, même si l'on y jouit d'une certaine liberté d'action, on est « dedans », et c'est pourquoi on ne voit pas encore le visage de Celui qui nous engendre.

« *C'est en Lui en effet que nous avons la vie, le mouvement et l'être* » (Ac 17, 28), mais nous ne voyons pas.

Lorsque nous sortirons, nous Le verrons face à face, comme dit l'Ecriture.

Aujourd'hui, Dieu nous enveloppe, et l'obscurité de son action s'appelle la foi ; l'impulsion à nous réaliser s'appelle l'espérance, et l'amour qui la régit l'appelle la charité.

Le plus difficile pour nous, c'est de ne pas oublier le rôle de Dieu.

C'est difficile, parce que tout se fait dans le silence et que le silence nous fait peur.

Nous voudrions qu'Il nous dise : « Je suis là », ou qu'Il révèle sa présence par le tonnerre et l'éclair.

S'Il l'a fait parfois, comme le raconte l'Exode, c'est parce que l'humanité était une enfant et qu'il fallait la prendre ainsi.

Mais il préfère le silence.

A l'heure actuelle, il fait silence, parce que c'est plus conforme à la maturité de l'homme.

Le silence de Dieu est le signe de ta maturité dans la foi. S'il te fait peur, c'est que tu es encore un peu enfant.

Les enfants ont peur du silence et de l'obscurité, mais ils doivent s'habituer à l'une et à l'autre.

Les choses de Dieu n'ont pas besoin de mots.

« Les cieux racontent la gloire de Dieu,
et l'œuvre de ses mains, le firmament l'annonce ;
Le jour au jour en publie le récit
et la nuit à la nuit transmet la connaissance.
Non point récit, non point langage,
Point de voix qu'on puisse entendre ;
mais pour toute la terre en ressortent les lignes
et les mots jusqu'aux limites du monde. »

(Ps 19, 1-5)

Ce sont les choses qui parlent, ce sont les cieux qui parlent.

Mais Dieu vient dans le silence.

C'est pourquoi je crois peu aux apparitions de la Madone, ni surtout aux signes bruyants par lesquels elles se manifestent.

Je préfère parler à la Madone dans la monotonie du Rosaire, et les yeux fermés dans l'espérance.

Les illusions me font peur.

Je ne veux pas de la sensibilité dans ma relation avec l'Invisible.

Je sais que le chemin de la foi, de l'espérance et de la charité va exactement à l'opposé du chemin des illusions.

Il va vers le silence de Dieu.

Il va vers le dénuement de la croix.

Vers la transparence de la nuit.

Il est comme la lumière. Obscure dans le cosmos, obscure hors de l'atmosphère.

Mais rien n'est plus lumineux que cette pure obscurité.

L'une des difficultés les plus courantes dans la vie spirituelle des hommes d'aujourd'hui, c'est le passage du tapage au silence, de l'infantilisme à la maturité de la foi, de la surabondance des statues au dénuement eucharistique, de l'intimisme à la charité, du sentimentalisme à l'aridité, des processions imposantes à la pauvreté de l'asphalte des cités des hommes.

Trop de chrétiens, rappelés à la réalité crue et virile de la démythisation et de la sécularisation, sont épouvantés.

Ils étaient tellement habitués à toucher les statues, et à embrasser quelque chose, que, supprimées celles-là et remis à jour le calendrier liturgique, ils se sentent perdus.

Où est Dieu ?

Où allons-nous, si ce fou de curé met au placard saint Georges et le dragon ?

Mais là où la crise est plus profonde, c'est dans la prière.

Je ne sens plus rien

Je ne vois plus rien !

C'est que nous avions souvent une chrétienté habituée à ... *sentir,* ... à *voir,* avec une religiosité fondée sur le sentimentalisme et le miraculeux.

Et les sanctuaires semblaient faits pour entretenir cette forme de religiosité.

Maintenant que le monde moderne, la technique, les communications sociales ont détruit le mythe, dévoilé certains infantilismes, mis en évidence les lois de la nature, tout s'écroule, tout s'évanouit.

Tu t'entends dire : je ne crois plus.

Mais qu'est-ce que c'était que cette foi-là ?

C'était de la foi, mais avec un pourcentage élevé de superstition.

Ote le tas de superstition, il te reste une foi si rachitique qu'elle ne tient plus debout.

La foi authentique n'a pas besoin de sentir : elle croit.

La foi mûre n'a pas besoin de voir : elle croit.

Elle se nourrit de silence, pas de tapage.

De contemplation, pas de choses extraordinaires.
De paroles de Dieu, pas de superstition.

Mais alors, je ne pourrai jamais rien sentir de Lui ?
Je devrai me contenter d'attendre l'éclair de l'Apocalypse pour sortir de la nuit ?
Voilà, je vais te dire ce que tu dois voir et sentir !
Tu dois sentir et voir les créatures, toutes les créatures.
Pourquoi te préoccupes-tu d'une goutte de rosée sur les cils d'une Vierge peinte, et ne vois-tu pas toutes les gouttes de rosée d'une matinée de printemps ?
Pourquoi t'agites-tu tellement pour le mouvement à peine esquissé d'une quelconque statue, et n'es-tu plus capable de t'extasier devant l'extraordinaire mouvement des astres ?
Pourquoi fais-tu des kilomètres et des kilomètres pour voir des stigmates douteux apparus sur une main d'homme, et n'arrives-tu pas à voir les plaies des pauvres ?
Commence par percevoir Dieu dans les créatures.
Reconnais sa beauté dans la beauté du soleil qui se lève sur ta journée d'homme.
Reconnais sa voix dans la voix de ton frère qui passe près de toi et veut communier avec toi.
Ne perds plus de temps à chercher Dieu dans ton imagination.
Quand tu trouveras miraculeux qu'une abeille sache trouver la porte de sa ruche, tu pourras percevoir Dieu près de toi et de ton silence.
Et tâche de chanter.
Pour le ciel qu'Il nous donne, alleluia !
Pour le soleil qu'Il nous donne, alleluia !
Pour la mer qu'Il nous donne, alleluia !
Pour les amis qu'Il nous donne, alleluia !
Oui, alleluia, même si le ciel est parfois orageux ;

alleluia, même si le soleil parfois brûle ;
alleluia, même si tes amis parfois ne pensent pas comme toi.
Tout est action de grâce.
Tout est Dieu qui m'aime.
En tout il y a Dieu qui m'atteint,
En tout, Dieu qui fait de moi son fils.

Nous pourrions définir notre vie terrestre comme « vie à deux ».

Nous ne sommes jamais seuls si nous vivons en Lui.

Nous ne sommes jamais seuls si Dieu communique avec nous.

Nous ne sommes jamais seuls s'il nous engendre à son Royaume.

L'habitude de sentir Sa présence en nous est le fait d'une grande maturité.

Etablir avec Lui une communication vitale dans la prière est grande douceur.

Accepter Son projet sur nous est l'authentique sagesse.

Mais acquérir cette maturité, faire nôtre cette sagesse n'est pas facile.

Nous sommes toujours tentés en deux sens opposés : ou bien, saisis de Son immanence absolue, nous nous abandonnons à l'inactivité en disant : « C'est Lui qui agit », ou bien, fort de notre assurance, nous agissons sans plus penser à Son action secrète.

Il y eut une époque où la première tentation était plus facile.

Maintenant, c'est la seconde.

L'homme moderne se sent plus seul quand il agit.

Il a même forgé l'idée de l'« Inachevé », soutenant que la création de Dieu s'est arrêtée à l'arrivée de l'homme, et que, depuis lors, c'est à l'homme de terminer la symphonie esquissée par Dieu.

L'idée est belle et peut être utile à beaucoup pour acquérir le sens de la responsabilité, mais elle prête à équivoques et n'est certainement pas faite pour clarifier les choses.

Je préfère partir d'une phrase de Jésus : « *Mon Père travaille toujours, et moi aussi je travaille* » (Jn 5, 17).

Cette parole de l'Evangile résume toutes les discussions vieilles et neuves, antiques et modernes, sur le rapport vital Dieu-homme, contemplation-action, et nous tient éloignés de l'erreur.

En disant : « *Mon père travaille et moi aussi je travaille* », Jésus ne dit pas qu'il a été seul à composer la symphonie de sa vie.

En effet il dira ailleurs : « *Je suis toujours avec Lui. Et Celui qui m'a envoyé est avec moi ; il ne m'a pas laissé seul parce que je fais toujours ce qui lui plaît* » (Jn 8, 29).

Le Père n'est jamais absent de la vie de Jésus, et Jésus ne prend jamais une position sans d'abord se tourner vers son Père.

L'homme moderne semble être devenu si sûr de soi, si satisfait de sa connaissance qu'il finit par penser sérieusement qu'il est vraiment en train de terminer tout seul l'œuvre inachevée.

Ayant un peu avancé dans la découverte de la nature des choses, il pense que le moment est arrivé pour lui de se sentir unique et seul responsable du cosmos.

On interprète le silence de Dieu - qui pourtant est de toujours - comme la mort de Dieu, c'est-à-dire une attitude absolument passive de sa part, et telle qu'il est inutile d'appeler, de crier, de prier. Il aurait décidé de laisser l'homme se débrouiller.

Il ne peut pas y avoir d'interprétation plus fausse ni plus dangereuse pour la foi.

Ce serait l'extinction de la prière,

l'élimination du dialogue Dieu-homme ;

ce serait réduire la terre à une chose bien triste parce que ne l'oublions pas, « nous ne remarquons pas quand Dieu agit, mais nous avons peur quand Il se tait ».

Mais revenons à l'homme dans sa relation avec Dieu, et dans sa relation avec ce qu'il a à faire, avec ce qu'il a à accomplir et qu'il doit mener dans la vie de tous les jours.

Jésus dit : « *Mon Père travaille toujours et moi aussi je travaille* », reconnaissant clairement les deux termes.

Ils sont deux, Lui et le Père ; il y a l'homme et il y a Dieu.

Tous deux travaillent.

Dans la vie de Jésus, la présence du Père ne fait jamais défaut.

Jésus ne le cache pas, ne l'oublie pas, il le voit ; il ne le fuit pas, il le cherche.

« *Je ne suis pas seul parce que le Père est avec moi* » (Jn 16, 32).

« *Père, je te rends grâces de m'avoir exaucé. Je savais bien que tu m'exauces toujours ; mais c'est pour tous ces hommes qui m'entourent que je parle* » (Jn 11, 41).

Il suffit de lire saint Jean pour avoir une illustration continue, linéaire, étonnante, de cette vie d'intimité, de relation, d'espérance, de dialogue, d'amour entre Jésus et le Père.

Pourquoi en serait-il autrement pour l'homme, pour chacun de nous ? Jésus n'est-il pas l'homme parfait, l'exemple unique, le premier ?

Ce qui arrive à Jésus arrive ou arrivera à chacun de nous, parce qu'il est le premier-né, et parce que l'amour du Père

l'idée du Royaume.

Et s'il réussit, au moins pour une infime partie, il a du moins le courage d'inscrire au fronton de ses ouvrages ce qu'il a désiré faire : l'idéal qui l'a soutenu.

Et s'il a échoué, ses fils recommenceront, en partant des erreurs de leurs pères et en cherchant à les corriger.

Chaque génération a l'impression de repartir à zéro, surtout quand elle sort d'un gros cataclysme de désespoir ou de guerre.

Chaque révolutionnaire fait avec optimisme un pas en avant, avec des yeux qui brillent et où s'exprime au fond cette conviction : « A mon tour maintenant d'essayer, vous allez voir. »

Et l'on repart à zéro.

Mais tout n'est pas perdu.

Ce qui reste authentique, c'est l'amour.

Ce qui, par contre, n'est pas toujours authentique, c'est l'institution.

Dans la marche des peuples, dans les laborieuses tentatives de stabiliser leurs idéaux et leurs programmes, l'institution est le « cadre » nécessaire, mieux, indispensable, de leurs réalisations.

L'institution devient maison, collège, séminaire, pour former des hommes ; elle devient loi pour discipliner les relations ; elle devient habitude, tradition, culture, commune, Etat, paroisse, diocèse, temple.

Mais, alors que l'amour ne vieillit jamais, l'institution court le risque de vieillir et, ce qui est pire, de rester là à encombrer le terrain ou à scandaliser par son inutilité.

Le séminaire est encore dans telle rue, avec tel numéro, mais il est vide.

La loi numéro tant est encore à tel chapitre du code,

mais elle ne sert plus à rien parce que les coutumes ont changé.

Je donne un exemple concret, et, comme il est délicat, j'essaie de préciser.

Nous sommes à..., le 13 décembre 1974. Dans douze jours, c'est Noël, et cette ville a une dévotion particulière à la crèche.

Arrivent deux pèlerins : Marie-Madeleine qui est française, 28 ans, assistante sociale, et Sendey, qui est canadien, 25 ans, sociologue. Ils sont en route pour Rome et espèrent y arriver, à pied, pour Noël, pour l'ouverture de l'Année Sainte.

Ils n'ont pas d'argent parce qu'ils veulent faire ce voyage dans un esprit de pauvreté et faire l'expérience de ce qui arrive quand on est pauvre.

Après avoir prié dans les églises du lieu, ils vont par tous les couvents et les institutions de charité pour chercher l'hospitalité.

La nuit arrive et ils ne trouvent rien.

« Fermé - fermé - fermé - allez-là à côté - montez là-haut - allez voir là-bas au bout. »

Dégoutés, tous deux sortent de la ville et trouvent, à la périphérie, dans un champ, une roulotte. Ce sont deux protestants norvégiens en voyage. Entre étrangers on se comprend, et la roulotte, même petite, finit par être le refuge des quatre personnes dans la nuit froide.

Voilà le problème, terrible : une pauvre roulotte peut être plus hospitalière qu'une grande institution anonyme où l'amour fait défaut.

Là, le « toi » existe encore, alors que dans le gros couvent, dans le bâtiment cyclopéen, il n'existe plus. Remplacé par les sonnettes, les portes, la règle, la sécurité tranquille, l'ordre parfait.

L'institution a pris le dessus.

L'homme est écrasé, éliminé.

Le pauvre ne sait plus où aller.

Il n'y a plus, dans l'institution, quelqu'un qui puisse penser à lui.

Il est arrivé la même chose à Jésus.

L'institution du Temple était trop gigantesque pour l'accueillir.

Plus tard, elle fut trop sourde pour l'entendre.

Finalement, pour se débarrasser de lui, elle fut capable de le tuer.

Mais l'histoire n'est pas finie. Les hommes d'hier n'étaient pas pire que nous sommes, de même que nous ne sommes certainement pas meilleurs qu'eux.

Depuis Adam jusqu'au dernier homme qui vivra sur cette terre les choses ne changeront pas.

Il y aura toujours des portes qui s'ouvriront et des portes qui se fermeront.

Il y aura des hommes comme le bon Samaritain, et d'autres comme le riche Epulon.

Il y aura des Gamaliel qui chercheront à sauver et des Caïphe qui trouveront une justification pour tuer le Juste.

Je pensais autrefois que ce qui était arrivé dans l'ancienne Alliance n'arriverait plus dans la Nouvelle, et que les méfaits de ce Temple ne se reproduiraient plus dans l'Eglise fondée par Jésus.

Ce fut une erreur grossière, et le fait de penser ainsi retarda de beaucoup pour moi une juste vision de la réalité.

Non, mes frères !

Il y a en chacun de nous un morceau de ce temple ; un petit bout de mur de ces institutions encombre encore une partie de notre cœur.

L'avènement de Jésus n'a pas fait de son Eglise une Eglise de saints, mais l'a laissée Eglise de pécheurs.

Il a donné à ces pécheurs une responsabilité plus grande, en les rapprochant de la grande lumière de Dieu qui a brillé avec tant d'éclat avec la venue de Jésus sur la terre.

Mais l'homme est resté l'homme, avec son extraordinaire possibilité d'aimer et avec tout son pouvoir de dire non à l'amour.

Et l'Eglise est restée l'Eglise, avec son dépôt immense de sainteté, et avec toute sa faiblesse et son caractère périssable.

Jusqu'à la fin des temps, le Temple et l'Evangile resteront toujours une possibilité de valeurs héroïques et véritablement divines, et, dans le même temps, un milieu de heurts et de scandales.

Dans la même journée, à Rome, un pèlerin peut être édifié et scandalisé par quelqu'un qui passe à côté de lui.

Et ce quelqu'un peut très bien être nous-même.

Mais le salut se trouvera toujours dans l'Evangile.

C'est l'Evangile qui compte.

Quand le poids de l'institution se fait plus lourd pour moi, quand je sens que je ne suis plus authentique, je dois tout de suite chercher dans l'Evangile la libération, l'assouplissement, la spontanéité.

Je ne peux pas me passer de l'institution ; elle m'est nécessaire, mais je dois limiter son pouvoir, la rendre capable de servir l'homme et non pas d'en être servie.

L'institution est comme la cuirasse que Saül veut mettre sur les épaules de David.

A David de décider si elle lui est utile ou s'il doit limiter sa charge à une fronde.

L'Evangile est la référence qui te dira toujours quand est nécessaire la cuirasse ou quand suffit la fronde.

Mais, ici, je sens qu'il faut dire un mot pour qui, ayant pris la fronde de David, a vu, dans cette liberté, la méthode la plus efficace pour le combat de l'esprit.

Certains sont arrivés à se sentir libres à partir du jour où ils ne se sont plus référés à l'Eglise ; d'autres ont eu la sensation de commencer à vivre de façon authentique à partir du moment où ils ont relégué dans l'histoire ancienne leur relation avec Dieu et se sont engagés à servir l'homme sans référence à la tradition.

Point n'est besoin en fait de trancher ainsi ; et ces déchirures mêmes nous sortent de la vérité.

L'Eglise reste l'Eglise, et Dieu reste Dieu.

David reste le fils de son peuple, et Dieu la force de sa fronde.

Qui suis-je hors du peuple de Dieu, et quelle force me reste-t-il si ma foi dans le Très-Haut s'évanouit ?

L'Eglise ne m'empêche pas de vivre l'Evangile de façon authentique, et mon engagement avec Dieu m'est justement nécessaire au moment où j'ai décidé de faire quelque chose sérieusement.

Je sais que, dans le passé, trop souvent la religion était synonyme de : « Ne faisons pas d'histoires, soyez bons. Ne faisons pas grève, restons tranquilles. » Mais je sais aussi que les choses ont changé et que la parole de Dieu a commencé à nous mettre en cause et à nous interroger sur la justice et sur l'amour, davantage que sur les processions ou sur la magnificence des églises à construire.

Pourquoi abandonner l'Eglise juste au moment où je me sens davantage Eglise ?

Pourquoi abandonner l'inspiration de Dieu juste quand j'en ai le plus besoin ?

Pourquoi penser qu'Il nous entrave juste quand nous nous rapprochons avec plus d'ardeur de l'homme ?

Dieu n'est-il pas du côté de l'homme ?

N'est-ce pas Lui qui en prend la défense ?

Prenez l'évangile de Matthieu et dites-moi si l'on peut trouver paroles plus dures que celles du chapitre 25 pour la défense de la justice et de la libération de l'homme.

Je pense que même le socialisme est persuadé de l'erreur qu'il a commise en considérant la religion comme l'opium du peuple, et que, dans le monde de demain, les hommes les plus décidés à se ranger du côté de l'homme sortiront des rangs de ceux qui seront encore capables - dans l'égoïsme ambiant - de se référer à l'Evangile comme texte de vie.

Encore un mot pour qui croit en la primauté de l'action et redoute la prière comme aliénation ou perte de temps.

L'action est avant tout obéissance : « *Tu travailleras à la sueur de ton front* » (Gn 3, 19).

Une vocation : « *Le Seigneur m'a choisi pour porter la bonne nouvelle* » (Is 61, 1).

Une passion du bien : « *A la vue des foules, il en eut pitié, car ces gens étaient las et prostrés comme des brebis qui n'ont pas de berger* » (Mt 9, 36).

C'est pour cela que l'on agit.

Parce qu'Il nous a dit d'agir ; opposer l'action et la contemplation ne signifie rien.

L'homme fait, agit, travaille, transforme, construit pour suivre, et non pour contredire la volonté de Dieu.

Le mystère se trouve dans la relation.

Et c'est une relation vitale.

Et c'est une relation de présence.

Et c'est une relation de communication.

Oui, j'agis parce que Dieu me l'a ordonné.

Il me l'a ordonné dans la Genèse en me donnant ordre de cultiver la terre.

Il me l'a ordonné sur le Sinaï en me donnant une loi pour rendre la justice ; il me l'a ordonné dans l'Evangile en m'engageant dans la même action que Dieu : l'amour.

Travail, justice, amour sont les trois degrés de l'engagement, et les trois possibilités données à l'homme de réaliser la cité terrestre, signe concret et préparation immédiate de la cité céleste qui en sera la plénitude par la grâce de la transformation divine : « *Voici que je fais l'univers nouveau* » (Ap 21, 5).

Mais tant dans le simple travail des champs, labours et semailles, qu'à juger dans un tribunal ou à ouvrir un hôpital de lépreux, je ne suis pas seul à agir. Dieu est avec moi, comme le dit Jésus : « *Le Père ne me laisse pas seul* » (cf. Jn 8, 16).

Dieu est avec moi comme inspiration.
Dieu est avec moi comme grâce.
Dieu est avec moi comme consolation.
Dieu est avec moi comme lumière.
Dieu est avcc moi comme réconfort.
Dieu est avec moi comme reproche.
Et sa présence n'est pas théorique.
Sa présence n'est pas évanescente.
Sa présence n'est pas stérile.
Sa présence est personnelle, vitale, féconde.
C'est la présence même de la création.

Et c'est sur cette présence que je dois m'interroger.

Là réside le vrai problème de foi de toujours : d'Adam à Jésus, de Jésus à nous .

« *Le Père est en moi et moi en Lui.* »

En tant que personne.

Etre personne signifie voir, savoir, aimer, vouloir ; cela signifie communiquer.

Mais comment notre foi peut-elle douter quand toute la « Parole » va dans ce sens ?

Le mystère caché dans les millénaires bibliques, transmis par les Prophètes et confirmé par le Christ n'est-il pas là tout entier ?

Yahvé ne dit-il pas à David : « *Je serai pour lui un Père et il sera pour moi un fils* » (2 S 7, 14) ? et à Salomon : « *Je te donne un cœur sage et intelligent... Et même ce que tu n'as pas demandé, je te le donne aussi : une richesse et une gloire comme à personne parmi les rois* » (1 R 3, 12-13).

N'est-ce pas Dieu qui, devant les pleurs d'Ezéchias malade, dit : « *J'ai entendu ta prière, j'ai vu tes larmes. Je vais te guérir : dans trois jours, tu monteras au Temple de Yahvé* » (2 R 20, 5) ?

Et quand Isaïe veut exprimer son expérience de prophète, ne dit-il pas : « *Yahvé m'a appelé dès le ventre de ma mère, dès le sein il a prononcé mon nom. Il a fait de ma bouche une épée tranchante, il m'a caché dans l'ombre de sa main. Il a fait de moi une flèche aiguisée, il m'a serré dans son carquois. Il m'a dit : "Tu es mon serviteur, Israël, en qui je me glorifierai"* » (Is 49, 1-3) ?

Exclure dans la Bible et en particulier dans l'Evangile ce mode d'être, cette relation personnelle entre Dieu et l'homme, signifie sortir complètement de la Tradition, du sens de la Parole.

Et de l'expérience de Dieu !

Plus tu t'approches de Lui dans la contemplation, et plus tu Le découvres comme la racine de ton action, l'animateur de ta vocation, l'inspirateur de ta prophétie, Celui qui te donne ton charisme.

Plus tu pries, et plus tu sens augmenter la distance entre toi et Lui, ce qui signifie la distinction toujours plus nette entre toi personne et Lui Personne.

Plus tu entres dans le silence et plus tu te sens habité par la « Parole ».

Plus tu entres dans les créatures à travers l'harmonie de l'amour, plus tu Le découvres présent et distinct des créatures dans le mystère de Sa transcendance.

« Tu » devient le mot le plus proche et le plus éprouvé.

La nécessité de faire place à ce « Tu » devient une exigence incessante de vie.

Je ne désire rien d'autre, mon Dieu

« Tu », quel mot extraordinaire !

« Tu », quel signe unique de communication !

Quand je te prononce, je sors de ma solitude et de mon isolement.

Tu indiques pour moi le frère, l'ami, l'épouse, le père.

Et puis, si tu indiques pour moi Dieu, il n'y a plus de limite à la communication.

Etre capable de dire « tu » en esprit et en vérité à Dieu lui-même peut changer la face de la terre : cela change certainement ma vie.

Le « tu » est l'âme de la prière.

« *Dieu, toi mon Dieu, je te cherche,*
Mon âme a soif de toi,
Après toi languit ma chair,
terre sèche, altérée, sans eau. »

(Ps 63, 2)

Il est le signe de l'Autre, le sujet préféré.

« *A voir ton ciel, ouvrage de tes doigts,*
la lune et les étoiles, que tu fixas,
qu'est donc le mortel, que tu en gardes mémoire,
le fils d'Adam, que tu en prennes souci ? »

(Ps 8, 4-5)

Il est l'appel à la confiance.
« Tous, ils espèrent de toi
que tu donnes en son temps leur manger ;
tu leur donnes, eux, ils ramassent,
tu ouvres la main, ils se rassasient. »

(Ps 104, 27-28)

La trame du dialogue.
« Je m'égare, brebis perdue :
Viens chercher ton serviteur.
Non, je n'ai pas oublié tes commandements. »

(Ps 119, 176)

L'expérience que Dieu est proche.
« Tes mains m'ont fait et fixé,
Fais-moi comprendre, j'apprendrai tes commandements. »

(Ps 119, 73)

Nous ne pourrons jamais définir ce qu'est la prière.

Les mots n'y suffisent pas.

Aucun saint n'y est parvenu.

La prière est tellement au-delà de toute définition qu'elle laisse toujours place à son mystère.

Oui, prier est un mystère.

Prier, c'est communiquer avec le mystère de Dieu.

Essayez, vous verrez que, quelle que soit votre habileté, vous ne réussirez pas à mettre sous des mots votre expérience de prière.

Mais ce que vous réussirez certainement à définir, c'est ce qu'est une relation entre deux personnes.

Quand vous priez, vous sentez que vous êtes devant un Autre.

Il se peut que l'Autre, tu le ressentes à l'intérieur.

Il se peut que tu le ressentes à l'extérieur.

Il se peut que tu t'en sentes enveloppé.

Il se peut que tu le sentes loin, très loin.

Il se peut que tu le ressentes comme Silence,
comme Absence,
comme Aridité,
comme Obscurité ou comme Lumière
ou comme Joie ou comme Plénitude
ou comme Reproche.

Il n'y a pas de limite à l'expérience de Dieu en nous.

Il est la nouveauté, et j'ai l'impression qu'il ne se répète jamais dans sa façon de s'approcher de nous.

Quand je l'ai attendu sous un olivier, il est venu sous un chêne ;

quand je l'ai attendu dans une église, il est venu dans la ville ;

quand je l'ai cherché dans les joies, il est venu dans la peine ;

quand je ne l'attendais plus, je l'ai trouvé devant moi qui m'attendait.

Dieu m'a toujours surpris, et son moment n'a jamais été le mien.

Si je devais vous dire dans quelles dispositions j'essaie de me mettre - mais je n'y arrive pas toujours - pour prier, je vous citerais le psaume 131, l'un des plus beaux, avec lequel je me suis toujours senti à l'aise.

« *Yahvé, mon cœur ne s'est pas gonflé*
ni mes yeux haussés.
Je n'ai pas pris un chemin de grandeurs
ni de prodiges qui me dépassent.
Non, je tiens mon âme en paix et silence
comme un enfant contre sa mère.
Mon âme est en moi comme un enfant sevré. »

Oui, comme un enfant, mais très petit, quelque chose qui

tient encore du fœtus, c'est-à-dire incapable de faire de longs discours, je dirais même incapable de parler.

Ne vous apercevez-vous pas, lorsque vous priez normalement, que vous ne savez quoi dire ?

Voilà, c'est déjà la vraie prière.

Avoir l'impression très nette de ne pas connaître la langue de Dieu, de savoir à peine balbutier quelque syllabe pour retomber aussitôt dans le silence, voilà une véritable expérience de prière.

Naturellement ce fœtus, cet enfant, est encore enveloppé de la chair d'Adam, et porte sur le visage le masque du vieil homme.

Celui-là, bien sûr, il parle - il parle même trop comme le dit Jésus : « *Dans vos prières, ne rabâchez pas comme les païens : ils s'imaginent qu'en parlant beaucoup ils se feront mieux écouter* » (Mt 6, 7) -, mais ce qu'il dit n'est pas prière, c'est un peu de bavardage spirituel ; souvent un étalage de culture ou, le plus souvent, de la peur.

Mais l'enfant, l'enfant de Dieu qui est en chacun de nous et qui va devenir fils de Dieu, quand il prie, parle peu, parce qu'il ne sait pas.

Au lieu de parler, « il est », « il se repose », il se « laisse faire », « il sent qu'il est enveloppé par Dieu », il « a confiance ».

Ce qui prie en lui c'est l'Amour même qui l'engendre, l'Esprit du Père qui l'habite et l'habitue à dire peu à peu : « Mon Père et Mon Dieu. »

Mais il ne faut pas beaucoup de paroles ; il faut par contre la Parole, avec laquelle nous pouvons toujours prier, même si nous ne savons rien dire tout seuls.

Ce qui compte c'est de se laisser faire par Lui qui est la *vie* et transmet la vie,

qui est *lumière* et transmet sa connaissance.

qui est *amour* et apprend à aimer.

La vraie prière, celle qui reste et qui compte, c'est la contemplation, qui est passive, et gravée par Dieu lui-même en son enfant, afin qu'il puisse connaître son père et s'habituer à l'aimer comme le veut le premier commandement.

« *Tu aimeras Yahvé ton Dieu de tout ton cœur, de toute ton âme, de tout ton pouvoir, de toutes tes forces, comme toi-même* » (Dt 6, 5) .

Peut-être comprenez-vous maintenant pourquoi j'ai tant insisté sur cette réalité divine que Dieu fait de nous ses « fils ».

Fils, pas cadres.

Fils, pas libellules.

Fils, pas tables.

Fils, pas esclaves.

C'est sur cette réalité de fils que se fonde le pouvoir de prier, la possibilité de communiquer la joie d'aimer.

Si je n'étais fils de Dieu, la prière n'aurait aucun sens, ni surtout aucune authenticité.

Si la prière c'est communiquer avec Dieu, elle est possible si Dieu me fait participer à sa nature même.

Le paradis signifie quelque chose pour moi si j'y vais pour habiter avec mon père, et non pas avec un être que je ne connais pas, que je ne connaîtrai jamais, et qui a des goûts différents des miens, une langue incompréhensible, un visage invisible.

Je sais que Dieu est *l'inconnaissable,* mais Il l'est pour l'homme, non pas pour le « fils de Dieu » que je suis.

Son *inconnaissance* devient connaissance, non dans mon intelligence d'homme, mais dans le pouvoir qu'Il m'a donné d'être son fils.

C'est dans l'amour qu'Il met à m'engendrer comme son fils qu'Il me transmet sa connaissance de Père.

Quand Dieu se révèle à moi dans l'amour, Il me fait don de Lui-même et se fait connaître personnellement.

Voilà ce que l'on appelle contemplation : la connaissance authentique, savoureuse, et personnelle de Dieu.

Oui, je le dis parce que je peux le dire : « Je crois en Dieu parce que je le connais. »

Le vieil homme qui est en moi ne croit en Dieu que par analogie, à travers la nature, la raison, les symboles ; mais l'« enfant » de Dieu qui est né et se développe en moi croit en Dieu parce qu'il le connaît.

Et il le connaît parce que Lui se fait connaître. Non pas dans la chair et le sang, mais dans sa vie divine même qu'Il transmet dans son amour.

Voilà ma force.

Et c'est dans cette force que je mets mon espérance.

C'est sur cette extraordinaire réalité que je joue toute ma vie.

Une dernière chose.

Quand j'affirme dans la foi que Dieu est mon père, je jette une lumière divine sur un autre grand mystère : le mystère de la conscience.

Quelle chose sublime que la conscience !

Quelle réalité en nous !

Cet être fragile qu'est l'homme, quelle royale dignité l'habite !

Je pense à la conscience comme au lieu où Abraham rencontre Yahvé ;

comme à la vallée du Térébinthe où David cherchait des pierres pour attaquer Goliath ;

comme à l'Oreb d'Elie ;

comme à la cellule où Marie de Nazareth reçut l'annonce ;
comme au désert et au Gethsémani de Jésus.

La conscience est le milieu divin de l'homme,
elle est sa possibilité de rencontrer son Dieu,
elle est l'écoute de sa Parole,
le creuset où la foi devient vie, où l'espérance mûrit, où la charité se réalise.

Si, pour faire le corps de l'homme, Dieu a copié les étoiles et les fleurs, pour faire ma conscience Il s'est copié Lui-même, là où les Personnes divines se rencontrent dans l'Amour.

Pour moi, fils de l'homme, la conscience est la lampe qui dirige mes pas,

Pour moi, fils de Dieu, elle est la maison où le Père me prend dans ses bras et me dit : « Tu es mon petit. »

Quand j'entre dans cette maison, j'ôte mes chaussures parce que je suis en Sa Présence.

Quand je reste dans cette maison, j'entends le souffle de mon Père qui me cherche.

La conscience est le chef-d'œuvre de la création de Dieu,
elle est le terrain où Il nous rencontre,
elle est notre intimité avec Lui,
le lieu où la vérité se fraie un chemin, où se cherche Sa volonté, où l'on apprend à aimer.

C'est là, dans la conscience, que je trouve toute référence à Dieu ; c'est là que je décide.

La décision même de croire à l'infaillibilité de l'Eglise, c'est ma conscience qui la prend.

Sans référence à la conscience, il n'y a pour moi aucun acte moral digne de Dieu ni fait par Dieu.

Je crois à la conscience et je voudrais que les chrétiens, trop habitués à se laisser guider par les hommes, commencent, et sérieusement, à se laisser guider par elle, qui est don de Dieu.

Il est temps de cesser de se retrancher derrière des scrupules exagérés nés de cette idée qu'il est dangereux de s'en remettre à sa conscience qui - insuffisamment éclairée - peut se tromper.

Soyez tranquilles.

Si je crois que Dieu est mon père, je peux m'ôter de la tête certaines craintes, et m'en remettre à son amour, et à son pouvoir de transmettre sa pensée et sa volonté.

Une Eglise qui avait peut-être besoin d'insister - et qui l'a fait avec zèle - sur le contrôle de la conscience, n'a plus, aujourd'hui, après le travail de ces dernières décennies, inondée qu'elle est par la lumière du Concile, qu'à chanter de joie devant les merveilles de cette possibilité qu'a l'homme de s'adresser directement à Dieu.

DEUXIEME PARTIE

SI DIEU EST MON PÈRE JE SUIS SON FILS

Pour comprendre ce que signifie
être son fils, il faut
regarder le Fils Premier-né :
Jésus.
Il est venu parmi nous,
Il a habité parmi nous,
vivant son aventure
de Fils de Dieu :
le Christ.
La route est donc pour nous
l'imitation du Christ.

Je remets mon âme entre Tes mains

Dieu s'est fait pauvre en Jésus pour me rencontrer, et sa pauvreté est devenue signe de son amour à mon égard.

Il n'avait pas d'autre moyen pour devenir crédible.

L'amour a de terribles exigences, et, pour les satisfaire, il ne suffit pas de paroles.

Celui qui aime doit se faire semblable à l'aimé, sinon il passera à côté sans le comprendre, c'est-à-dire sans l'aimer.

Avoir de la sympathie pour quelqu'un signifie avoir la force de supporter avec lui quelque chose de lui.

Ce n'est pas facile, mais il n'y a pas d'autre moyen, et c'est pour cela qu'il est difficile d'aimer.

Pouvez-vous imaginer un mari qui dit aimer sa femme et la laisse dans l'indigence quand il est dans l'opulence, dans l'effort quand il se repose, dans les larmes alors qu'il s'amuse ?

Comment un frère peut-il dire aimer son frère qui a faim quand lui est rassasié, qui est nu quand lui est vêtu, qui est prisonnier quand lui est libre ?

N'est-ce pas tricher au jeu ?

Ne vaut-il pas mieux être clair d'emblée : « Je ne t'aime pas », ou bien : « Je n'ai pas la force de t'aimer » ; ou encore, et c'est plus facile et plus vrai : « Je t'aimerais volontiers, mais je n'en suis pas capable » ?

La terre est pleine, elle regorge de mots d'amour, mais elle est, je crois, quasiment vide d'amour véritable.

Il n'est pas d'animal capable comme l'homme de se moquer de la communauté de ses semblables sous le couvert de l'amour.

Les animaux sauvages, même catalogués comme féroces, sont de petits anges en comparaison de l'homme et de son habileté à l'hypocrisie dans ses rapports... d'amour.

Allez dans une maison close - et il y en a beaucoup, même dans des lieux sérieux comme les maisons bourgeoises - pour voir à quel point d'esclavage peut être réduite une femme, protégée, possédée par celui qui, parce qu'il est fort, riche ou tyrannique, la séduit, en lui soufflant bien sûr à l'oreille l'éternel refrain : « Je t'aime ».

Allez compter, au Vietnam, les trous d'obus faits par les bombardiers géants, conduits par ceux qui affirmaient combattre justement pour la défense et pour l'amour des peuples libres.

Mais Dieu est plus sérieux, et quand il dit aimer l'homme il va jusqu'au bout, et pour l'aimer il s'incarne, et pour lui ressembler il se fait pauvre.

La pauvreté de Dieu, c'est sa façon d'aimer.

Il y a pourtant une différence entre la pauvreté de Dieu et celle de l'homme.

La pauvreté de Dieu est librement choisie, la pauvreté de l'homme est une condition inexorable, sa nature, sa réalité.

L'homme ne peut échapper à sa pauvreté.

L'homme est le « pauvre ».

Une conception limitée, matérialiste, de la pauvreté, a pendant longtemps représenté la pauvreté comme un état physique, un manque de pain, de vêtement, de maison.

Le pauvre, c'est le mendiant.

Mais les choses ne sont pas ainsi.

Certes, celui qui n'a pas de maison, pas de pain, est lui aussi un pauvre, mais il n'est pas le seul.

Il y a dans l'homme de bien plus grandes pauvretés, des indigences bien plus terribles, des souffrances bien plus aiguës !

Hemingway ne manquait ni de pain ni de vêtement. Il possédait même un fusil de chasse dont il s'était bien souvent servi dans ses safaris africains.

Cette fois-là, il s'en servit en se tirant dans la bouche un coup de fusil, pour échapper à la véritable pauvreté qui le tourmentait peut-être pour la première fois, celle d'une vieillesse devenue insupportable.

Pourquoi ne voyez-vous la pauvreté que comme un phénomène matériel ? N'est-ce pas la limiter ?

Il se peut qu'un homme ne me demande pas d'augmentation de salaire, mais un peu de silence, un peu de bon air, un peu de verdure.

Non, la pauvreté n'est pas seulement manque d'argent. Elle peut être manque de santé, d'air respirable, de tranquillité.

Elle peut être manque de paix, d'amour, de lumière.

Je dirais que la pauvreté de l'homme est universelle ; mieux, que l'homme est la personnalité de la pauvreté.

Ce n'est pas qu'il lui manque un peu de pain ; il lui manque tout.

Quand il hait, il lui manque l'amour ;

quand il meurt, il lui manque la vie.

Oui, la pauvreté de l'homme c'est la mort même, et ce n'est pas rien, et on ne peut la renvoyer quand elle frappe à la porte.

Mais c'est justement sur ce sentier de la pauvreté de

l'homme que Dieu est venu à notre rencontre.

La libre pauvreté de Dieu s'est assise à côté de la pauvreté forcée de l'homme.

Son premier discours a été le silence.

Que peut-on dire à quelqu'un qui souffre ?

Le silence de Dieu, c'est sa manière respectueuse de s'approcher de l'homme pauvre.

Les autres mots ne sont pas mûrs.

Il faut du temps avant que l'homme puisse comprendre son état, lever la tête, et sourire devant le déluge de maux qui l'a assailli.

Une aveugle me disait avoir mis douze années à comprendre quelque chose à sa cécité.

Puis elle a compris et elle a souri.

Il y a un mystère dans les choses.

Il y a un mystère dans la vie.

Il y a un mystère dans la souffrance.

C'est comme la nuit : pour y voir, il faut attendre l'aube.

Et attendre signifie espérer, et l'espérance est la patience de l'homme.

Mais c'est justement dans cette patience que l'homme apprend à prendre possession de soi, à se connaître.

En effet, l'Ecriture dit : « *Vous sauverez vos vies par votre constance* » (Lc 21, 19).

Quand l'homme a appris la patience et s'est habitué à faire attention au silence de Dieu, alors vient la Parole.

La Parole, toute la Parole, c'est Jésus, la personne de Jésus, le Verbe de Dieu.

« *Et le Verbe s'est fait chair*
et il a habité parmi nous » (Jn 1, 14).

Parmi nous, il a vécu comme un pauvre.

Le pauvre de Yahvé.

Il a voulu prendre sur lui la pauvreté de l'homme pour

l'aider à accomplir le terrible exode manifesté par la pauvreté, par la souffrance, par la mort.

Toute la vie de Jésus va être vue dans cette lumière, tendue dans cette perspective, dirigée vers ce but.

S'il naît dans une étable, si son infinité et sa toute-puissance sont réduites à un vagissement de bébé à la merci de l'histoire et de la méchanceté des hommes, c'est parce qu'il doit nous apprendre la leçon la plus difficile de la vie : préparer notre être à l'impuissance et à la faiblesse des choses.

S'il vient caché dans la pâte du monde et accepte non pas les honneurs du pouvoir, mais la sueur de l'ouvrier, c'est parce qu'il doit s'habituer et nous habituer aux sueurs de l'agonie.

S'il choisit comme règle d'action la douceur et non la violence, c'est parce qu'il sait que la Sagesse divine veut nous faire triompher non par la force mais par l'amour, et qu'il aura sa victoire avec la défaite de la croix.

S'il fait sienne l'attitude, promue par les prophètes, du Serviteur de Yahvé, de l'Innocent, attitude qui anime la veine la plus profonde des espérances et de la spiritualité d'Israël, c'est parce qu'il est conscient que le Règne, le vrai, celui de Dieu, ne sera pas un règne politique de puissance, de stabilité, de bien-être, mais l'acte d'amour le plus grand qui pouvait être fait ici-bas par rapport à Dieu, l'acceptation de la pauvreté de l'homme dont la mort est l'acompte et le passage.

Il n'est pas facile d'aimer, ni pour nous, ni pour le Christ, mais rien n'est si grand, si parfait que cet amour du Christ dans sa pauvreté volontaire et aimée.

Je dirais que rien ne m'est plus cher que cette pauvreté de Dieu.

Elle m'est plus douce que sa toute-puissance.

Elle me parle davantage que son omniscience.

Elle m'est plus proche que sa beauté.

La pauvreté de Dieu : voilà le plus haut degré de l'amour.

Voilà sa béatitude qui devient la mienne : « *Bienheureux les pauvres !* »

Non, Seigneur, je ne te demande pas d'être riche, je te demande d'être pauvre.

Je ne te demanderai plus ta puissance : je te demanderai ta pauvreté.

Elle est ta sagesse.

Elle est ton cœur.

Elle est la route qui te conduit jusqu'à moi.

Si tu as le courage de t'approcher de moi tout pécheur que je suis, c'est parce que tu as voulu être pauvre.

Si tu as la volonté de rester à m'écouter quand je pleure, c'est parce que tu es pauvre.

Si tu cherches en moi quelque chose, c'est parce que tu es pauvre.

C'est ta pauvreté qui me sauve, parce que dans ta pauvreté l'amour éternel a pu devenir homme, et devenir l'un de nous : un pauvre.

Mais là où la pauvreté de Jésus touche au point le plus profond et entre dans le vrai mystère de l'amour de Dieu, c'est dans son obéissance au Père.

Devant la pauvreté de l'homme, devant le mal, devant le déluge de la souffrance, Jésus n'a pas demandé au Père de changer quoi que ce soit.

Il a vu qu'il était nécessaire d'en passer par là et il a baissé la tête, comme l'un de nous.

Il pouvait demander de supprimer la mort : il ne l'a pas demandé.

Il pouvait demander de transformer la terre en un Eden où plus personne n'aurait faim : il ne l'a pas fait.

Il pouvait, Lui le Tout-Puissant, le Bien-Aimé, éliminer la souffrance sans la subir : il ne l'a pas demandé.

Le réel, tout le réel créé par Dieu et mis à mal par la désobéissance et le péché de l'homme devait être accepté tel quel.

C'est de là qu'il fallait partir.

Il fallait l'accepter comme chemin de la Rédemption.

L'accepter comme calvaire.

L'accepter comme mystère.

L'accepter comme don suprême de soi.

Jésus baisse la tête et accepte le réel qui l'étreint de toute part, comme une pieuvre indescriptible, un horrible chaos, une morsure mortelle.

Devenu, sous le poids de tant de maux, le vrai Pauvre de Yahvé, il se jette tête baissée dans l'immense et mystérieuse mer de la volonté de Dieu, comme l'avait symbolisé Jonas, pour Lui laisser, et à Lui seul, la solution des insolubles, et la synthèse de tous les contraires.

Et le Père a agréé cette obéissance qui rachetait toutes les désobéissances ; cette humiliation qui effaçait toutes les révoltes ; cet acte de justice qui « *accomplissait toute justice* » (Mt 3, 15).

« *Il a été exaucé en raison de sa piété* » (He 5, 7).

« *Pour sa mort, Dieu l'a exalté, et lui a donné le Nom qui est au-dessus de tout nom* » (Ph 2, 8-9).

Et il l'a ressuscité d'entre les morts.

La résurrection du Christ est la réponse de Dieu à la pauvreté de l'homme, pauvreté acceptée jusqu'au bout par Jésus.

Le mouvement du poisson qui, entrant dans l'abîme de la mort, s'immerge dans la mer infinie de la volonté de Dieu, remonte, poussé par la puissance du Père, dans la lumière illimitée de la Résurrection.

Dans le Christ ressuscité, c'est l'homme qui ressuscite.

Et pour toujours.

Le secret de tout salut se trouve dans cette attitude d'acceptation vécue par le Christ et revécue par chacun d'entre nous, sauvés des eaux et du chaos de la mort.

C'était le secret caché par les siècles et révélé dans la plénitude des temps par Jésus.

C'était la preuve suprême que Dieu est Amour et qu'il savait mourir d'amour.

« *Je remets mon âme entre tes mains.* »

Cette expression de la prière d'abandon du Père de Foucauld résume bien l'attitude radicale que nous a enseignée Jésus, et qui nous est proposée dans l'acte du baptême.

Oui, le baptême prêché par le Christ est le geste déterminant de l'homme devant la requête de Dieu : « *Immerge-toi dans les eaux de la mort et ressuscite avec le Christ à une vie nouvelle.* »

Celui qui a définitivement accompli cet acte d'acceptation de la volonté divine, qui a fermé les yeux devant sa transcendance et s'est laissé entraîné dans l'abîme du mystère, ressort bien au-dessus des eaux dans la lumière béatifiante de sa résurrection dans le Christ.

A cet instant, la pauvreté devient vraiment béatitude.

« *Heureux, vous les pauvres, car le Royaume des cieux est à vous !* » (Lc 6, 20).

Comment Jésus aurait-il pu dire une phrase semblable aux pauvres, sinon à la lumière de cette réalité divine désormais communiquée à l'homme sauvé ?

Les expressions « *Bienheureux les pauvres, Bienheureux ceux qui pleurent, Bienheureux ceux qui ont faim, Bienheu-*

reux les persécutés » retentiraient comme un blasphème pour qui est pauvre, pour qui a faim, pour qui pleure, pour qui est persécuté, si elles n'exprimaient pas la victoire du Christ sur ces effroyables réalités négatives de l'homme.

Les paroles de Jésus retentiraient à tout point de vue comme des paroles insensées s'il n'avait pas, en les prononçant, la vision claire de tout le problème de la libération de l'homme.

Mais, pour se libérer, il faut mourir à soi-même, et c'est la Pâque.

« Voici la Pâque où est immolé l'Agneau.

Voici la nuit où tu as libéré nos pères de l'esclavage d'Egypte.

Voici la nuit qui nous sauve de l'obscurité du mal et où tu as vaincu les ténèbres du péché.

Voici la nuit où le Christ a détruit la mort, où il est ressuscité, victorieux, des enfers.

O nuit vraiment heureuse,
nuit qui vainc le mal,
lave les fautes,
ramène l'homme vers son Dieu !
O admirable complaisance de sa grâce !
O inestimable tendresse de son amour !
Pour racheter l'esclave,
il a sacrifié son Fils.
Heureuse faute, qui nous a valu un tel rédempteur !
Sans le péché d'Adam,
le Christ ne nous aurait pas sauvé.
Heureuse faute, qui nous a valu un tel rédempteur ! »
Et j'ajouterais :
Heureuse notre pauvreté
Qui a le pouvoir d'attirer à toi
notre Dieu !

Je Te la donne, mon Dieu

Te donner mon âme, Seigneur, signifie accepter la tienne.
Te donner ma vie, Jésus, signifie accepter la tienne.
Et ton âme est encore à Gethsémani avec notre pauvreté.
Et ta vie est encore clouée sur la croix avec notre péché.
Loin de cette vision, de cette réalité que tu as vécue et que tu vis dans ton Corps qui est l'Eglise, ma vie est une vie inutile, païenne, destinée à l'illusion, à l'ennui, à la mort.
Il peut même devenir dangereux de ne me fier qu'en ta résurrection, si j'oublie ton Gethsémani et ta croix qui sont le Gethsémani et la croix de l'homme.
Ne me référer qu'à ton incarnation, sans accepter la mienne, c'est réduire à une dérision mon existence et la tienne.
Non, Jésus, si je te donne mon âme et ma vie, je suis au centre de ton âme et de ta vie. Et tu es au centre de ton corps qui est l'Eglise.
Tant qu'il y a sur la terre un homme qui a faim, tu es là.
Tant qu'il y a sur la terre un homme qui souffre, tu es là.
Tant qu'il y a sur la terre un homme à libérer, tu es là.
Et si je veux être avec toi, je dois être avec l'homme.
Pas moyen de sortir de là.
Je ne peux pas me tromper.

Du reste, je ne le voudrais même pas, parce que j'ai compris.

Et je me sens solidaire des chrétiens nouveaux qui l'ont compris.

A côté du frère qui pleure, laissez-moi pleurer.

A côté de celui qui est en prison, laissez-moi prisonnier.

Je ne peux pas accepter la résurrection sans accepter d'abord la mort.

Le mystère pascal ne comprend pas seulement la résurrection, et n'est pas seulement la célébration du dimanche.

C'est avant tout la solidarité douloureuse du vendredi saint.

Il est indigne de l'amour - du vrai - de vouloir seulement être heureux avec Jésus.

Il est injuste de se presser au banquet et de le laisser seul dans la tristesse et la nausée du Jardin des Oliviers.

C'est tellement injuste que, lorsque nous sommes lucides, nous ne pouvons accepter le paradis sans d'abord, à la mesure de notre faiblesse, participer un tant soit peu à sa passion.

Quel homme serais-je devant lui, homme de douleurs ?

Quel ami serais-je ?

C'est pour cela que la jouissance de ce monde comme « maison de plaisir » conçue par les païens me dégoûte.

C'est comme de banqueter sur un cadavre.

La vie où l'on ne rechercherait que le plaisir n'est pas une vie.

Je n'en veux pas.

Elle n'est pas digne de l'amour.

Celui qui a rendu la vie digne de l'amour, c'est Jésus.

C'est Jésus qui m'apprend à aimer.

C'est Lui qui m'en donne la force.

Jésus est la voie.

Et sa voie, c'est celle de l'amour.

Avant d'être chemin de résurrection, elle est chemin d'humiliation, d'abandon ; avant d'être triomphe, elle est défaite, crucifixion.

Pour moi, je veux la parcourir tout entière, coûte que coûte.

Oui, la voie c'est Jésus.

Et notre chemin, c'est l'imiter.

Imiter Jésus !

Imiter avant tout son attitude devant le Père ! son acceptation du réel.

Ce qui m'entoure, ce qui est, ce qui forme la trame de la création, de l'histoire, ce qui est le résultat du dessein de Dieu ou de mes infamies passées, je dois l'accepter.

Je dois partir de là.

Si je suis boiteux, je dois accepter d'être boiteux.

Si je suis fatigué, je dois accepter d'être fatigué.

Si le ciel est gris, je dois accepter le ciel gris.

Si je suis vieux, je dois accepter d'être vieux.

Ce qui est, ce qui m'entoure,

ce que je vois, ce que je sens,

c'est comme une question mystérieuse qui, de tout temps, m'est posée par Dieu et qui attend une réponse de ma part.

Peut-être même la terrible requête proposée à Job sur son fumier vient-elle de Dieu.

« J'ai un fils poliomyélitique »,

« ma femme est insupportable »,

« mon intelligence est émoussée »,

« mes amis ne me comprennent pas »,

sont comme autant de questions posées depuis toujours au jour qui se lève aujourd'hui et que je dois vivre.

Je ne peux pas jeter mon fils dans un institut anonyme,

changer de femme,

maudire mon père qui était alcoolique,
ni rompre avec mon supérieur.

Je dois regarder la réalité en face, je dois accepter ce qui m'entoure, je dois regarder le réel comme une proposition de Dieu.

Je dois dire : Oui, Père !

Je dois partir de là.

Je dois répondre à la question qui m'est posée par Dieu dans cette douloureuse réalité - obscur mystère -, et y découvrir mon salut.

Parce que mon salut est contenu dans cette question.

Si je me débarrasse de mon fils parce qu'il me vole mes journées, je m'éloigne.

Si je change de femme parce que la mienne m'ennuie, je m'éloigne.

Le salut, tout le salut, tient dans l'acceptation de mon mystère, et, en lui, dans le mystère de ma femme et de mon fils.

Il y a une raison à tout.

La première attitude d'amour envers la création, c'est d'accepter la création, même si elle me paraît étrange, incomplète, voire ennemie.

La première attitude d'amour envers mes frères, c'est de les accepter comme ils sont, même s'ils me paraissent terriblement irrationnels, antipathiques, voire ennemis.

Il y a une raison à tout.

Une raison même à la souffrance de Job.

Une raison même à mon fils poliomyélitique.

Une raison même au péché de David.

Une raison même à la destruction de Jérusalem.

Mais avant d'essayer de me libérer de la souffrance qui s'est abattue sur moi, avant de porter mon fils à l'hôpital, avant de me mettre activement à corriger le mal qui m'entoure, je dois baisser la tête devant le mystère, je dois me mettre dans l'attitude même du Christ, faisant mienne ses paroles : « *Père, que ce ne soit pas ma volonté, mais la tienne qui se fasse* » (Lc 22, 42).

Au fond, c'est une attitude de confiance, et c'est justement sur cette confiance que se fonde ma relation avec Dieu.

Je sais que Dieu est Seigneur de l'univers et que dans ses mains « *sont les abîmes de la terre* ».

Je sais que Dieu peut tout et que les hommes et les peuples « *sont comme une goutte au bord d'un seau ; comme un grain de poussière dans la balance* » (Is 40, 15).

Dieu est Dieu et n'est vaincu par personne.

Et s'il se laisse vaincre, c'est seulement pour mieux vaincre.

Et s'il laisse quelque temps prévaloir le mal, c'est seulement pour pouvoir le dénoncer plus clairement à nos regards de myopes.

Avoir confiance en Dieu, c'est mettre toutes choses dans sa main invincible.

C'est croire que le cosmos est inexorablement dominé par sa puissance créatrice.

C'est espérer, dans la victoire finale de l'homme qui comme toute l'histoire, obéit à l'amour sauveur de Celui qui s'est défini Amour.

Si je maudis la pluie qui me baigne ou le froid qui me gèle les doigts,

si je me désespère d'être devenu vieux, ou d'une maladie qui me fait souffrir,

je n'entrerai jamais dans le mystère de Dieu.

Si je ne sais pas lire la clarté des étoiles, ou si je passe, pressé, devant la mer sans même l'apercevoir, je ne comprends pas le mystère de Dieu.

Si je me lamente de tout,
si je trouve les hommes ennuyeux,
si je me fâche parce que la soupe est mauvaise,
si je crie parce que les enfants jouent dans le jardin,
si je montre un visage dur à qui frappe à la porte,
je suis un vieil homme qui ne sait plus rien dire.

Avoir confiance en Dieu.

Accepter le réel.

L'accepter comme volonté salvatrice de Dieu à mon endroit.

L'accepter pour le transformer avec amour et patience.

Il y a là dans un ermitage près du mien une maman blonde avec son fils.

De temps en temps, cette femme me demande de la recevoir et amène son fils.

Mais le fils est mongolien, et la vie de cette femme est complètement mangée par lui.

Quand je l'ai connue la première fois, il y a des années, ce qu'elle me demandait, c'était un conseil pour mettre son fils dans un institut ; cela semblait la chose la plus naturelle.

Chaque fois que je revenais d'une visite dans ce genre d'institution, j'étais épouvanté.

Comment pouvais-je imaginer le petit Andréa absorbé dans l'un de ces tragiques dortoirs de malades tous égaux ?

« Non, Marcella, Andréa doit rester avec toi : tu es sa vie. »

La réponse de cette femme c'était le silence.

Et elle me demanda un ermitage pour pouvoir remplir de prière ce silence.

« Marcella, essaie de dire quelque chose à Dieu. »

« Non, je n'en suis pas capable. Si je demandais quelque

chose, je demanderais seulement de m'ôter ce terrible poids. »

« Essaie encore. »

Quand elle repartait, elle me demandait : « Frère Carlo, n'y a-t-il pas un institut adapté pour Andréa ? »

Elle revint plusieurs fois à l'ermitage.

« Marcella, essaie de dire quelque chose à Dieu. »

« Je voudrais lui dire : “Que ta volonté soit faite”, mais je n'en suis pas encore capable. Dis-le pour moi... »

Aujourd'hui, c'est Marcella qui dit : « Que ta volonté soit faite » ; elle a finalement réussi à le dire dans la foi, et cela lui a ôté sa peur.

Il lui paraît étrange de devoir confier son fils à d'autres.

C'est comme si elle l'avait mis au monde une seconde fois.

Qu'importe le reste ?

Son salut commence là.

C'est devenu quelque chose de sacré.

Et quelle douceur sur son visage !

Cela évoque tant de choses pour moi, de penser à cette femme qui cherche à faire la volonté de Dieu.

Volonté qui s'exprime dans le réel, le terrible réel qui l'entoure.

Don Milani ne commença-t-il pas à être Don Milani, véritable prophète de notre temps, quand il commença à accepter le réel que Dieu lui avait préparé ? préparé avec toutes les limites des hommes ?

Un petit groupe de maisons perdues dans la pauvreté de terres abandonnées.

Un petit groupe de jeunes gens sans ressources ni capacités.

Mais que n'a pas fait un peu d'amour jeté avec foi dans cette pauvreté ?

Je pense que Don Milani a réussi de cette façon à dire à notre génération des choses bien plus extraordinaires, plus vraies, plus éternelles, qu'il n'aurait pu le faire si son cardinal l'avait nommé curé de la cathédrale de Florence, ou l'avait pris comme auxiliaire.

Avec tout l'amour de mon cœur

Le choix qu'a fait Jésus, c'est l'homme, l'homme à aimer.

C'était le choix de Dieu depuis toujours : être du côté de l'homme.

Dieu a finalement pris le parti de Caïn, quand celui-ci, après son horrible forfait, courait le risque d'être tué par la vengeance des hommes.

« *Si quelqu'un tue Caïn, on le vengera sept fois, et Yahvé mit un signe sur Caïn, afin que le premier venu ne le frappât point* » (Gn 4, 15).

Dieu est du côté du pécheur, parce qu'il est du côté de l'homme, qui est pécheur.

Le péché de l'homme n'empêche pas l'espérance de Dieu.

Dieu sait qu'il reviendra, qu'il se convertira, qu'il comprendra.

La confiance de Dieu en l'homme est inébranlable.

Il sait l'attendre jusqu'au bout.

Il sait que le négatif qui est en lui se changera en positif, que l'immaturité deviendra maturité, la dureté douceur, les ténèbres lumière, la fuite retour, la cruauté larmes, l'aversion accolade.

L'histoire du fils prodigue, Jésus l'a racontée en pensant à chacun de nous, parce qu'il savait que nous allions la vivre chacun en une version toute personnelle.

Et il nous aime ainsi, comme nous sommes, à chaque étape de notre chemin.

Il aime le possible qui est en nous.

Possible qui est conversion, retour, amour, lumière.

Il aime Marie-Madeleine encore pécheresse, parce qu'il voit déjà tout son mouvement vers la lumière comme une chose merveilleuse qui mérite d'être contemplée sur cette terre.

Il aime Zachée pécheur, voleur, exploiteur, et trouve beau qu'un homme comme lui soit capable de bouleverser toute son existence et de devenir l'ami des pauvres.

Oui, Dieu aime dans l'homme ce qui n'est pas encore,
ce qui est encore à naître.

Nous, dans un homme, nous aimons ce qui est : vertu, beauté, valeur, et c'est pourquoi notre amour est si intéressé et fragile.

Aimant en l'homme ce qui n'est pas et lui faisant confiance, Dieu l'engendre continuellement, parce que c'est l'amour qui engendre.

En donnant à l'homme sa confiance, il l'aide à naître, parce que c'est l'amour qui nous aide à sortir de nos ténèbres et nous attire à la lumière.

Et la chose est si belle que Dieu nous invite à en faire autant.

La charité qu'il nous transmet est justement cette possibilité d'aimer dans notre frère ce qui n'existe pas en lui.

Aimer le négatif de mon frère, voilà mon amour gratuit.

L'aimer dans sa pauvreté, dans son mensonge, dans son impureté, dans sa fausseté, dans ses ténèbres.

Et l'amour, fondant sur lui, a le pouvoir de le régénérer.

L'amour crée en l'homme le climat divin où il peut se transformer.

Se sentant aimé, il est poussé à entrer dans le chemin du salut.

Sa pauvreté s'enrichit, son mensonge commence à lui faire horreur, son impureté devient nostalgie de pureté, ses ténèbres sont envahies de lumière.

Quand Jésus me dit : « *Aime ton ennemi* », il m'ouvre le maximum de possibilités et de capacités d'aimer, mais, dans le même temps, il me donne le maximum d'espérance d'avoir la paix dans ce monde. Assiéger mon ennemi avec l'amour et non pas avec les armes facilite en lui et en moi la possibilité de voir apparaître les temps où « *le lion paîtra avec le chevreau, et où l'enfant mettra la main dans le repaire de la vipère sans se faire de mal* » (cf. Is 11, 8).

Dans mon effort, j'élargis le Règne qui nous est promis, et j'entre dans mon héritage de paix.

Oui, aimer le négatif de l'homme.

L'aimer avec la certitude que, demain, le positif prévaudra.

Vue ainsi, la terre ne me fait plus peur.

La cité vue sous cet angle, je me sens au cœur un grand désir d'action et d'espérance.

Lorsque j'ignorais ces choses, le pécheur me dégoûtait, je le voyais comme un ennemi.

J'étais par contre favorable à la police qui arrêtait les prostituées et je prêchais volontiers sur les peines infernales, pour faire peur aux jeunes et leur faire craindre Dieu.

Aujourd'hui, le pécheur me fait pitié ; si je rencontre une prostituée, je lui offre un café ; j'ai plus d'espérance dans le salut, et la pitié que j'éprouve pour les souffrances de l'humanité est si grande que je prononce très rarement le mot « enfer ».

Je dirais même plus, et ceci me procure une joie intime, humaine : je me sens l'ami de tous, je ne m'étonne pas de rencontrer un non-croyant, je m'étonne presque du contraire, et je ne peux pas ne pas appartenir à une Eglise pécheresse.

Lorsque je me heurte à quelque « bien-pensant » de la vieille classe moralisante, je comprends que les retards de l'Eglise sont justement dus au manque de confiance dans les nouvelles générations, et au fait de rêver les temps passés comme les seuls modèles de vie.

Oui, aimer le négatif de l'homme, aimer ce qui n'est pas ou n'est pas encore.

Les « sans-espérance » de la chrétienté sont justement ceux qui ne veulent voir dans l'homme que le positif, et ne donnent aucune valeur au négatif.

Et c'est pour cela qu'ils souffrent.

Comment ne pas souffrir devant tant de désordre ?

La vision du monde est aujourd'hui terrible, si nous ne la plaçons pas dans l'espérance que Dieu vainc le mal, si nous ne la plaçons que dans ce qui est déjà dans la lumière.

Vue ainsi, du côté positif, la cité est la défaite de Dieu.

Vue du côté de ce qui apparaît à mes yeux, l'Eglise est finie.

Mais voir ainsi, parler ainsi, c'est au fond nier l'action mystérieuse de Dieu qui agit, transforme, vivifie, et conduit à la lumière.

Si le monde est, comme le dit saint Paul, dans les douleurs de l'enfantement, comment puis-je ne pas voir le négatif du visible comme l'espérance de ce qui sera ?

Oui, il faut le dire clairement.

On n'a pas foi en Dieu.

On ne croit qu'en sa propre action, on ne croit qu'en ce qui apparaît.

On ne croit pas au mystère, à la possibilité de Dieu, à sa présence invincible dans l'histoire, dans l'évolution.

Au fond, on ne croit pas à la parabole du fils prodigue,

qui est la parabole de toute l'humanité dans son ensemble, et donc la victoire du bien sur le mal (cf. Lc 15).

Ne pas espérer devant le négatif de l'homme, ne vouloir aimer en lui que le positif, c'est se préparer à être tôt ou tard vaincu.

Certainement.

Un exemple pour m'expliquer :

De nos jours, le nombre de mariages en difficulté peu de temps après les noces est impressionnant.

Et je ne parle pas d'unions précipitées, d'erreurs de départ, de superficialité, de paganisme.

Non, je parle d'unions bien réalisées, commencées dans la foi. Unions de chrétiens authentiques, amours lumineuses, communions dans l'esprit, attitudes généreuses, etc.

Pendant un temps tout va bien, et puis l'on entend dire : « Oui, je l'ai aimé, nous nous sommes aimés... nous étions heureux. Maintenant... je ne sais pas... nous ne nous comprenons plus. Nous ne nous supportons plus l'un l'autre. On dirait que j'en ai épousée une autre... J'en connaissais une autre... celle de maintenant, je ne la connais plus... peut-être vaut-il mieux que nous nous séparions. »

Paroles exagérées sans doute, mais qui cachent un phénomène très simple, surtout maintenant que les réalités psychologiques ont un rôle prédominant dans la vie de relation.

« J'en ai épousé une autre... celle de maintenant je ne la connais pas... je ne l'aime pas... »

Voilà ce que je réponds : « Tu n'as cherché que le positif en elle. Aujourd'hui que tu vois le négatif, tout s'écroule. »

« Tu t'es trompé de route... »

Mieux, tu dois recommencer à partir du début... si tu veux te sauver. Tu dois aimer en elle les aspects négatifs, ce qui manque.

Tu dois l'aider à se construire, à se faire. Tu dois l'engendrer dans le véritable amour.

Alors tu aimeras ta véritable épouse, et tu l'aimeras de l'amour même de Dieu, et ton amour sera inébranlable parce qu'il sera authentique.

Voilà le moment de la (ou le) redécouvrir, en partant justement de ses côtés négatifs, de sa pauvreté, de sa misère. Tu verras que « ce qui est » n'est rien en regard de ce qui sera, de ce qui n'est pas encore.

Essaye...

Dieu t'aidera, parce qu'il est la source.

Vous devez vous rencontrer dans le réel, qui est différent du lieu où vous vous êtes rencontrés la première fois, mais beaucoup plus vrai et beaucoup plus intéressant.

Rappelle-toi que celui qui ne sait pas faire cette démarche ne pourra jamais aimer longuement l'un de ses frères.

Il est trop facile, trop assuré de découvrir en l'homme ses aspects négatifs.

Mais l'amour, le vrai, commence justement à partir de là, et c'est à partir de là que tu dois le reconquérir.

Alors votre union ne sera plus fragile ni éphémère, mais véritable et durable.

Après dix ans, nous devons refaire notre voyage de noces.

C'est alors qu'existe le véritable amour.

Finalement je t'aime comme Dieu aime.

Et je m'en suis aperçu parce que j'aime ta pauvreté plus que ta beauté, ta souffrance plus que ta joie, tes possibilités plus que ta réalité, tes désirs plus que tes actions éphémères.

Parce que je T'aime

Mon Dieu, combien je t'aime !

Et pourtant combien je voudrais t'aimer davantage !

Combien de fois ai-je pleuré de douceur lorsque tu es passé à côté de moi, et combien de fois t'ai-je senti éloigné.

Je puis dire que tu es ce que je désire le plus, et en même temps je désire encore trop de choses qui ne sont pas toi.

Tu es mon Tout, et je suis encore bien loin d'être ton rien qui s'abandonne à toi sans réserve.

Avec Toi, je me sens Israël.

L'histoire d'Israël a été la mienne depuis Jacob.

Comme Jacob, j'ai vécu sous les tentes, et un soir j'ai vu moi aussi l'échelle qui montait dans les hauteurs du ciel et d'où tes anges descendaient (cf. Gn 28, 12).

Comme Jacob je me suis trouvé au gué du Yabboq (cf. Gn 32, 23) et, comme lui, j'ai combattu avec toi dans la nuit, faisant l'expérience de « la frontière infranchissable entre l'homme et Dieu ».

Après cette lutte avec Toi, les trois choses que tu avais fait comprendre à Jacob me sont restées imprimées dans le cœur :

1. Tu as connu ta faiblesse,

2. Tu t'appuieras sur Dieu,
3. Tu vaincras (cf. Gn 32, 23-33),

et, depuis lors, j'ai fait mien le nouveau nom que tu lui avais donné la nuit du passage : Israël.

Et dans ce nom, il y avait tout mon destin.

Mais c'était mon destin parce que c'était le destin même du nouvel Israël : l'Eglise.

Je me suis senti Eglise, et dans l'Eglise j'ai revécu l'histoire d'Israël et cette relation d'amour si dramatique, si profonde :

Désert - exode - terre promise - temple - déportation - espérance.

Avec toujours les trois choses entendues alors :

1. Tu as connu ta faiblesse,
2. Appuie-toi sur Dieu,
3. Tu vaincras.

En ce qui concerne la première de ces trois vérités, parce qu'elle est plus liée à toi, tu la portes dans ta chair et dans ton esprit comme une seconde nature.

Il était si facile de sentir l'aiguillon douloureux du péché.

Yahvé,

« *Mes offenses me dépassent la tête,*
comme un poids trop pesant pour moi ;
mes plaies sont puanteur et pourriture
à cause de ma folie. »

(Ps 38, 5-6)

La faiblesse est le véritable héritage de l'homme, et continue d'être son héritage, même lorsqu'il devient Eglise, même lorsqu'il devient Peuple de Dieu.

Combien m'a-t-elle fait de mal, combien de temps m'a-t-elle fait perdre, la vision de l'Eglise de mon enfance !

Enfant, je suis entrée dans une Eglise où il était interdit

de dire ses vérités... à l'Eglise, parce que l'Eglise était parfaite.

Dans ce climat, je me suis fabriqué l'idée que l'Eglise « immaculée et sainte » était telle dans la réalité des hommes qui la représentaient.

Comment était-il possible d'accorder une telle vue avec la réalité de tous les jours ?

Avec les péchés de pasteurs « qui se faisaient paître eux-mêmes et abandonnaient le troupeau », avec les papes du moyen âge, népotistes jusqu'à la moelle, avec des prêtres despotes qui considéraient la paroisse comme leur propriété privée et prenaient le Peuple de Dieu pour un « vulgus indoctus » ? ou pour une bourse à exploiter ?

Non, le visage de l'Eglise « immaculée et sainte » est le visage d'une autre Eglise qui existe, et combien, - depuis que le Christ l'a fondée et la garde -, mais dans le cœur, et dans la douceur, et dans la miséricorde de l'Esprit Saint qui l'engendre et la maintient en vie.

C'est le visage de l'Eglise, épouse de Dieu.

D'un Dieu habitué, comme les mamans, à regarder leurs voyous de fils toujours du bon côté, et recouverts de ce voile d'amour qui cache la malignité de Jacob, pour laisser caresser au père la réalité du fils bien-aimé.

Non, le visage de l'Eglise immaculée et sainte est le visage d'une Eglise mystérieuse, à la personnalité surnaturelle et divine, que l'amour de Dieu a placée au plus profond de chacun des membres de son peuple, une Eglise qui, par là-même, devient « peuple de saints, de prophètes, de prêtres » (cf. 1 P 2, 9).

Mais ce que je vois est bien différent, et il ne faut pas s'y tromper, sinon cette Eglise devient un démon d'orgueil.

Peut-être est-ce justement pour que nous ne devenions pas

des démons d'orgueil que Dieu laisse sur mon visage et sur celui de l'Eglise la croûte du péché.

Et c'est pourquoi aucun de nous ne peut ni ne doit s'identifier à l'Eglise.

L'Eglise est toujours au-delà de notre pauvre réalité humaine, et personne ne la peut exprimer dans sa plénitude sur cette terre.

Le Vatican aurait tort de dire : « Je suis l'Eglise », parce qu'alors, il me donnerait une fausse idée de cette Eglise.

Et moi, comment puis-je m'identifier avec cette « *Cité sainte, Jérusalem nouvelle, qui descend du ciel, de chez Dieu, belle comme une jeune mariée parée pour son époux* » (Ap 21, 2) ?

Malheureux que je suis !

Je demande pardon, en ce moment, à tous ceux qui, en regardant, ont eu une si mauvaise idée de l'Eglise de Dieu !

Heureusement l'espérance ne m'a jamais fait défaut, ni ton appui, mon Dieu, ni le besoin fondamental, la soif inépuisable, l'expérience toujours plus vive et réconfortante :

« *Yahvé, mon rempart, mon refuge*
mon Dieu en qui je me fie ! »

(Ps 91, 2)

« *Yahvé, mon rempart, mon refuge,*
je ne manque de rien.
Sur des prés d'herbe fraîche il me parque.
Vers les eaux du repos il me mène,
Il y refait mon âme. »

(Ps 23, 1-3)

Ce qui, par contre, fut plus difficile à comprendre fut la troisième promesse : *Tu vaincras.*

Comment Israël vainc-t-il ?

Comment l'Eglise vainc-t-elle ?

Comment moi-même puis-je vaincre ?

La réponse à une telle question fut difficile, tourmentée comme l'histoire même d'Israël et de l'Eglise.

La première impression, ce fut que le mode de vaincre était le même que celui du monde à l'entour : la conquête des réalités terrestres, la politique avec les peuples voisins.

C'était la voie de la force et de la puissance, et Moïse avait fait de l'histoire du Peuple de Dieu une histoire de conquête : la conquête et la colonisation de la terre de Canaan ; mais, en même temps, il avait libéré le peuple de Dieu de l'esclavage.

L'Eglise - le nouvel Israël - avait marché sur ses traces, et, peut-être sans le vouloir, était devenue la dame parmi les gens.

Combien d'évêques princes, combien de papes avec le pouvoir de la force entre les mains, combien de chrétiens « croisés », l'épée au côté !

Etait-ce là la façon de vaincre ?

Certes, c'était une façon, mais il est difficile de dire que c'était la meilleure, cette façon cachée dans la volonté de Dieu et proposée dans l'Evangile.

Quand je pense à tout cela, je me trouve comme devant le chaos, le chaos même qui précède la création et l'histoire.

Mais, sur le chaos, je vois descendre la colombe de l'Esprit qui, par son amour, est capable d'ordonner les choses.

Et l'ordre naît dans le temps et dans l'espace,
il naît comme développement,
il naît comme devenir,
il naît comme « signe ».
La terre est signe d'une autre terre,
la maison est signe d'une autre maison,
le mariage humain est signe d'un autre mariage.

Même Israël est signe.

Même l'Eglise est signe.

Et pour qu'elle devienne signe, il fut nécessaire de la rendre visible.

Pour comprendre la libération, il faut libérer.

Pour contempler la Jérusalem céleste, il fut nécessaire de construire la Jérusalem terrestre.

Mais le signe, une fois vu, t'invite à aller au-delà : le sacrement te rappelle le Christ, la terre te rappelle le ciel, l'amour humain t'invite à penser à l'amour de Dieu.

Et que me dit le signe de la Terre promise ?

Et que me dit le signe de la libération ?

Une seule chose : que la terre promise, la vraie, est bien au-delà du Jourdain,

et que la libération de l'esclavage est bien plus profonde que celle qui est advenue sur les rives du Nil.

Vouloir revenir en arrière et aller contre l'histoire, loin de la volonté de Dieu, c'est retourner au chaos.

Israël qui conquiert, les armes à la main, la terre promise, comme il l'a fait après deux mille années de tension, peut représenter un fait militaire ou politique, comme tant d'autres compréhensible, mais c'est une absurdié et un déshonneur comme fait religieux.

Comme il serait absurde pour l'Eglise de redemander le pouvoir temporel et de refaire l'Etat pontifical.

Va plus loin - me dit le signe.

Ne t'en tiens pas, Israël, à ce petit morceau de terre qui s'appelle Palestine, regarde-moi, ton Dieu.

C'est moi ta terre promise.

C'est moi ta terre promise, même si tu vis à Moscou ou à New York.

Je suis la terre promise, même si tu n'es pas un royaume,

même si tu es le plus petit et le plus faible des royaumes de la terre.

Ne te laisse pas aveugler, chrétien, par l'aspect temporel, regarde ce qui ne passe pas, ma Présence en toi et la présence du Christ dans les pauvres.

Quelle maturité de vision !

Quels temps messianiques sont les nôtres !

Nous sommes comme sortis de l'enfance du monde et de l'Eglise !

On dirait que nous commençons maintenant à comprendre le vrai mystère des « signes », en particulier celui qui concerne l'Eglise et sa possibilité de s'identifier à sa structure que la puissance et le feu de l'Evangile rendent la plus ténue qu'il est possible.

Mon Dieu, je t'aime !

Comme t'aime Israël.

Comme t'aime l'Eglise.

Et je te remercie de m'avoir libéré des choses inutiles pour restituer à mes yeux, avec plus de transparence, ton être divin.

Tu avais dit à Aaron :

« *Tu n'auras point d'héritage dans leur pays, il n'y aura pas de part pour toi au milieu d'eux. C'est moi qui serai ta part et ton héritage au milieu des enfants d'Israël* » (Nb 18, 20).

Répète-le à moi-même, mon Dieu, répète-le au nouvel Israël qui est l'Eglise.

Je suis ton héritage.

Oui, ô Seigneur, je ne veux rien d'autre, je te veux Toi seul.

L'Eglise le dit : « Je te veux, Toi Seul, mon époux, ma lumière, ma force, mon Tout. »

Il est fini le temps des complications, des lourds harnachements, des manifestations extérieures distrayantes, des stucs inutiles, des processions infantiles.

C'est Toi notre réalité.

C'est Toi notre joie.

Toi sans ressource.

Toi sans politique de pouvoir.

Libres comme des oiseaux.

Marchant sur les routes du monde avec les pauvres,
avec qui a faim,
avec qui souffre,
avec qui est persécuté.

Accomplissant avec eux la véritable marche de la libération.

Avec Toi, Eucharistie assumée dans l'intimité de la maison où vit l'homme, et assis à la table où tu communiques ton corps et ton sang.

Avec Toi dans l'exil qui pour nous se poursuivra jusqu'à ton retour.

Avec Toi notre héritage, notre force, notre douceur, notre père.

Ce m'est un besoin d'amour de me donner

La différence entre un amour qui n'est pas mûr et un amour mûr, entre l'amour d'un enfant et l'amour d'une mère, c'est que le premier suce et le second est sucé ; le premier cherche, veut, exploite, le second donne, se laisse faire, se vide.

Prendre est une immaturité de l'amour, se donner en est la plénitude.

La route qui, de l'égoïsme humain qui ne voit que lui-même et dépouille tout et tous à son profit, rejoint le don de soi, est longue comme est longue l'histoire.

Souvent, ce n'est pas une belle histoire, et elle est davantage le résultat de ce que l'on cherche à prendre que de ce que l'on a réussi à donner.

Nous sommes tous impliqués dans cette histoire, et peu nombreux sont ceux qui peuvent se vanter d'avoir donné beaucoup.

En général, nous sommes étouffés par l'égoïsme, et une grande part de la tristesse qui nous habite est due à cette incapacité de se donner sans réserve.

Notre difficulté à aimer est due au péché, qui est un véritable renversement des valeurs, un désordre radical en nous.

Nous sommes des créatures et nous nous considérons comme des créateurs (orgueil).

Nous sommes frères et voudrions être patrons (avarice).

Nous sommes faits pour la liberté et nous nous rendons esclaves de nos sens et de nous-mêmes (luxure).

Non, il n'est pas facile d'aimer avec une tête comme la nôtre, avec un cœur comme le nôtre, avec une sensualité comme la nôtre.

Et en effet nous n'aimons pas, et n'aimant pas, nous avons le sentiment d'être dans l'enfer.

L'enfer c'est ne pas aimer.

L'amour vrai est chose rare.

Plus rare que la foi vraie.

C'est le summum des possibilités de l'homme sur la terre.

La chose la plus difficile.

Quand l'homme aime, il est comme Dieu, il est difficile d'aimer.

Voilà ce qu'il en est.

Le rayon d'amour vrai qui s'appelle charité part de Dieu et nous rejoint.

Nous rejoignant, il sollicite en nous le don de nous-mêmes.

Mais il est obligé de traverser l'opacité de notre corps.

Il en ressort déformé.

Déformé par l'égoïsme, par l'avarice, par l'orgueil.

Entrant en nous, il avait des intentions droites ; quand il en ressort...

Je ne crains pas d'affirmer que, sur cent actes dits d'amour qui sortent de nous, quatre-vingt-dix-neuf se transforment en actes souillés par l'égoïsme, par le goût de la possession, par la vanité.

Le tout petit reste qui réussit à passer au travers a encore la physionomie de l'amour véritable, c'est-à-dire du don de soi.

Mais ce n'est pas chose courante.

Pourtant nous ne devons pas nous décourager.

Et si je me suis trompé de route, je dois faire demi-tour.

Je peux cependant constater une chose très importante : c'est que tout a une utilité, même le péché.

Oui, même l'erreur peut entrer dans le plan du salut.

Dieu sait tirer aussi sa gloire du péché.

Malheur s'il n'en était pas ainsi, nous serions tous perdus.

Je crois vraiment que, pour beaucoup, le salut passe par la puanteur du péché et par l'amertume d'innombrables défaites.

La logique de Dieu fait son chemin avec la plus grande évidence au milieu des déchets de notre illogisme.

Dieu affirme son existence sur l'amas gigantesque de nos négations.

Le ciel se manifeste dans l'obscurité de notre condition terrestre.

« *Un bien pour moi que d'être affligé* » (Ps 119, 71), puis-je dire après chacune de mes erreurs, qui deviennent des alliées contre mon orgueil.

« *Ravagé, prostré, à bout* » (Ps 38, 7) : je peux le constater dans mes débauches, et mon corps, trahi dans ma sensualité, est désormais mon esclave dans la pénitence de la conversion.

« *Je m'enfuirai comme un passereau dans le désert, et là je demeurerai* » (Ps 11, 1), ai-je envie de crier chaque fois que je fais l'expérience de la tyrannie des idoles.

Pourtant, je dois apprendre à aimer.

Je ne peux m'en passer, parce que c'est le but pour lequel j'ai été créé.

« *Ecoute, Israël : tu aimeras Yahvé ton Dieu de tout ton cœur, de toute ton âme, de tout ton pouvoir* » (Dt 6, 4).

Aimer signifie s'identifier avec Dieu.

Aimer signifie entrer dans le Royaume.

L'histoire du monde est une histoire d'amour.

L'histoire de l'homme est une histoire d'amour.

Mais pour faire sa place en nous, pour nous conquérir dans son tourbillon créateur, pur, transparent, gratuit, divin, un tel amour a besoin de développement, de temps, d'histoire, de patience, de liberté.

De la violence du sexe à l'élan du sentiment,

de l'équilibre de la raison à l'attraction de la beauté,

de la question posée par la liberté et la gratuité à la folie de la croix, peu à peu,

l'amour s'affine, acquiert une transparence, participant toujours davantage au mode d'être et d'aimer de celui qui l'a créé et qui est l'amour incréé : Dieu.

Le mode d'être de Dieu Amour, c'est l'Esprit Saint ; il procède de la Vie qui est le Père et du Fils qui est Lumière.

Il est tellement transparent qu'il est invisible à nos yeux.

Et pour le rendre visible, il a fallu l'Incarnation.

En effet, le Verbe s'est fait chair et il a habité parmi nous, il est venu chez nous, à nos côtés, et il s'appelle Jésus.

Jésus est l'amour de Dieu fait homme et donc visible pour tous les hommes.

Jésus aime comme Dieu aime.

Jésus est la perfection de l'amour.

Jésus est venu pour nous apprendre à aimer.

Jésus est l'amour incarné.

Le corps, le cœur, l'esprit ont été autant de chemins pour l'homme vers l'amour ; aujourd'hui ce chemin, c'est Dieu lui-même en Jésus.

En imitant Jésus, l'homme peut vivre le plus haut degré d'amour.

En écoutant l'Esprit de Jésus qui l'habite, il peut participer à la vie éternelle, qui est connaissance et amour de Dieu partagé aux hommes.

La perspective change complètement, parce que son origine même change.

D'abord l'origine était le bas, maintenant c'est le haut.

Auparavant c'était la terre, maintenant c'est le ciel.

Auparavant c'était la nature, maintenant c'est la grâce.

Auparavant c'était l'intérêt, maintenant c'est la gratuité.

Auparavant c'était le temps, maintenant c'est l'éternel.

Auparavant c'était le plaisir, maintenant c'est la croix.

Auparavant c'était la recherche de soi, maintenant c'est la recherche de son frère.

Auparavant c'était ce qui plaît, maintenant c'est ce qui déplaît.

Auparavant c'était la chair, maintenant c'est l'esprit.

Auparavant le trouble, maintenant la paix.

Auparavant la satisfaction temporaire, maintenant la joie éternelle.

Naturellement les choses ne sont pas faciles et, pour en comprendre la portée et la difficulté, il faut se rappeler que Jésus lui-même a dû mourir.

Il ne nous a pas raconté d'histoires : il est mort.

Et il est mort volontairement.

Il est mort pour nous dire de veiller parce que, en acceptant ou en n'acceptant pas la loi de l'amour, c'était notre salut éternel qui était en jeu : « *Allez loin de moi, maudits, dans le feu éternel. Car j'ai eu faim et vous ne m'avez pas donné à manger, j'ai eu soif et vous ne m'avez pas donné à boire* » (Mt 25, 41 ss).

Il est mort pour nous enseigner la vie : « *Je suis la lumière du monde. Qui me suit ne marchera pas dans les ténèbres, mais aura la lumière de la vie* » (Jn 8, 12).

Il est mort pour nous prouver son amour : « *Il n'est pas de plus grand amour que de donner sa vie pour ses amis* » (Jn 15, 13).

Il est mort pour nous apprendre à aimer : « *Aimez-vous comme je vous ai aimés* » (Jn 13, 34).

Il est mort d'amour.

Même si je suis méchant et égoïste,
même si je suis faible et incapable,
il y a en moi toujours la même exigence : celle de mourir d'amour.

J'espère y arriver, au moins quelques minutes avant de mourir physiquement. Mieux encore, si je pouvais mourir de mort violente pour mon Dieu.

Je le demande sans cesse au Seigneur, en particulier pendant la célébration eucharistique, c'est-à-dire au moment où je communie avec la mort et la résurrection du Christ.

Je sais que mourir d'amour c'est le paradis.

Je sais que c'est la volonté du Père.

Je sais que c'est ma joie éternelle.

C'est pourquoi je me mets sur cette route, et tout de suite pour ne pas perdre de temps.

La route est la route de Jésus.

C'est une route en descente presque à pic : exactement à l'opposé de la route que me conseillent les hommes.

Quand Jésus cherche l'homme, il descend.

Il descend dans l'Incarnation et se fait esclave.

Il descend dans la Cène et se fait pain.

Il descend parmi les hommes et se fait le dernier.

La place de Jésus c'est la dernière place : Bethléem, Nazareth, le Calvaire.

Il ne naît pas puissant, et il voit le jour dans une étable.

Il n'est pas d'une famille puissante, et il travaille pour gagner son pain ; il ne cherche pas à vaincre, et il perd la vie sur la croix.

C'est là l'attitude de l'amour, et il est satisfait quand il touche le fond : la dernière place.

Le Père de Foucauld disait de Jésus : « Il a tellement pris la dernière place que personne ne pourra la lui arracher. » Tout au plus pourra-t-on se mettre à côté.

Entre un satisfait et un pauvre, Jésus choisit le pauvre.

Entre un bien-portant et un malade, Jésus choisit le malade.

Entre un rassasié et un affamé, Jésus choisit l'affamé.

Il n'y a pas à s'y tromper.

Et c'est pourquoi le choix évangélique nous oblige à nous mettre du bon côté : du côté du plus bas, du plus malheureux, du plus marginal, de celui qui a besoin de quelqu'un. L'une des grandes souffrances de l'Eglise d'aujourd'hui, c'est de s'apercevoir qu'elle n'a pas toujours été du bon côté. Voir qu'elle a placé l'évêque dans un palais,

constater que notre congrégation a plus d'argent que de novices,

prendre conscience que les chrétiens sont dans les pays les plus riches

nous met tous mal à l'aise.

Et ce qui est étrange, c'est que, si quelque jeune nous le fait remarquer et conteste, au lieu de lui dire qu'il a pleinement raison, on se fâche, la congrégation cache ses bilans, les « chrétiens bien » pensent que, pour faire la charité, il faut des sous, et que, sans argent, on ne fait rien.

Mais cette fois, il est difficile d'échapper à la contestation de l'Evangile.

La dernière place c'est la dernière place, et qui veut suivre le Christ doit faire les mêmes choix de pauvreté sans plus se camoufler derrière l'habituelle excuse de la dignité de l'Eglise.

La dignité du pouvoir, de l'aspect visible des grandes cérémonies, pouvait être utile à une Eglise médiévale encore enfant, mais elle devient contre-indiquée pour une Eglise mûre comme la nôtre, issue de la terrible souffrance et de la lucidité du monde contemporain et du Concile.

La prière d'abandon que je récite chaque soir avec mes frères dans la foi dit ceci :

« Ce m'est un besoin d'amour de me donner. »

Ce n'est pas facile à prononcer en vérité et dans l'Esprit.

Car c'est toute notre faiblesse qui est en jeu.

Et c'est justement parce que nous nous sentons faibles que nous nous réunissons en groupes, que nous devenons Eglise.

Et c'est pour nous aider que nous nous groupons en congrégations.

Pour moi, je me suis fait petit frère pour ne pas être seul.

Et je vous assure que je ne me suis pas senti seul dans cette attitude de vouloir me donner aux plus pauvres, aux humbles.

Et c'est dans un moment particulièrement important pour l'histoire de l'Eglise que nous nous sommes réunis en chapitre pour nous dire les uns aux autres ce que nous entendions faire et comment nous interprétions notre engagement d'Eglise envers les plus pauvres.

Me remettre entre Tes mains sans mesure

Je me suis remis entre les mains de l'homme en me tenant de son côté.

Je me suis remis entre les mains du pauvre en me tenant à la dernière place.

Reste-t-il encore autre chose ?

Oui, il reste autre chose.

La mesure de l'homme, la mesure du pauvre, c'est encore une mesure.

Après, il y a une « non-mesure », un aimer « sans mesure ».

C'est, pour l'homme, accepter de se jeter dans l'abîme de l'obscurité, dans le créé sans transparence.

C'est, pour Jésus - le Fils -, accepter d'être abandonné par le Père.

Le cri tragique qui retentit dans le temps, c'est le cri même du Christ crucifié.

« Mon Dieu, mon Dieu, pourquoi m'as-tu abandonné ? » (Mt 27, 46).

Il n'y a pas de raisonnement qui puisse expliquer cela. Il est inutile d'essayer de comprendre.

Il est inutile d'approcher Job avec toute la théologie et de chercher l'explication et les raisons de tant de souffrances.

Job lui-même te répondra :

« *Périsse le jour qui me vit naître et la nuit qui annonça : "Un mâle vient d'être conçu !" Ce jour-là, qu'il soit ténèbres, que Dieu, de là-haut, ne le réclame pas, que la lumière ne brille pas sur lui. Que le revendiquent ténèbre et ombre épaisse, qu'une nuée s'installe sur lui, qu'une éclipse en fasse sa proie !* » (Jb 3, 1-6).

La souffrance de l'homme, l'agonie de ses nuits sans sommeil, ses chairs tourmentées par le feu de la douleur, la terreur de sa foi obscure, ce n'est pas une plaisanterie.

Comment ne pas prendre le parti de qui est ainsi éprouvé sans chercher - comme le font les bien-pensants - à défendre Dieu, à justifier ses raisons idéales aux souffrances humaines.

Parce que c'est Lui qui frappe, et Job le sait.

Selon les apparences, ce sont les Sabéens qui ont pillé sa maison.

C'est le feu qui a brûlé sa demeure .

Ce sont les Chaldéens qui ont passé ses gardes au fil de l'épée et ont emmené ses chameaux.

Mais Job ne voit que la main de Dieu.

C'est Lui qui donne et qui reprend, c'est Lui qui frappe.

« *Nu, je suis sorti du sein maternel,*
nu, j'y retournerai.
Yahvé avait donné, Yahvé a repris :
Que le nom de Yahvé soit béni ! » (Job 1, 21)

Moi non plus je ne veux pas chercher à justifier Dieu, et je ne peux m'empêcher de me mettre du côté de l'homme.

Du reste, le fumier de Job est peu de choses en comparaison du fumier de toute la terre.

L'homme est né sur un fumier, pire, sur un cimetière. Sous lui sont accumulés les ossements d'innombrables générations d'animaux et de plantes.

Son corps a été fait des détritus de la mort qui a saisi la vie depuis des millénaires.

La terre sur laquelle je suis né m'apparaît comme une sphère d'argile tourmentée, pétrie par le feu.

Les époques géologiques se succèdent, engendrant, transformant, projetant, détruisant sans cesse, comme des poussées à la recherche d'une chose encore à faire, d'un modèle encore à atteindre, d'un visage encore à parfaire.

Moi, je sais ce qui va arriver, et c'est la foi qui me le dit, mais celui qui n'a pas la foi, que voit-il ?

La sphère enflammée engendre le fils.

Les époques qui se succèdent en un élan inépuisable donnent forme à son visage.

Et c'est le visage du Christ.

Et c'est le visage de l'homme modelé sur le visage même du Christ.

Toute la création est faite pour que nous devenions des fils de Dieu et, pour que la génération s'accomplisse, il faut la peine, le tourment, le provisoire, la souffrance.

Mais à quel prix !

Et, au-delà du prix, quelle doit être l'espérance de celui qui vit ce tourment de l'intérieur, sans recul, pressé par mille et une contradictions obscures et continuelles !

Faut-il s'étonner si la souffrance arrache à l'homme des hurlements et le fait rembler jusqu'au plus profond de son être ?

Faut-il être surpris s'il scrute l'obscurité en s'écriant : « Mon Dieu, mon Dieu, où es-tu ? pourquoi ne réponds-tu pas et laisses-tu fermés tes cieux ? »

L'homme est un esprit dans un vase d'argile, comment n'en pas percevoir la fragilité ?

L'homme est appelé à l'éternité dans un corps qui doit mourir, comment n'en pas être malheureux ?

L'homme est une bûche qui doit devenir feu, comment n'en pas voir la douleur ?

Je disais que je ne voulais pas justifier Dieu pour tout l'imbroglio que je vois dans la création, ni pour les contradictions auxquelles il me soumet, mais je sais également que Dieu n'a pas cherché et ne cherche pas une telle justification.

Il se tait.

Il est terrible le silence de Dieu sur les ténèbres de l'homme.

Il augmente sa souffrance.

L'épreuve en est certainement plus héroïque.

C'est le « sans mesure » qu'il nous demande tôt ou tard.

C'est la nuit.

C'est une nuit qui descend sur le corps et sur l'esprit de l'homme, qui le déchire et le tourmente.

Dans son angoisse, Job s'adressait ainsi à Dieu :

« *Il me cerne de ses traits,*
transperce mes reins sans pitié
et répand à terre mon fiel.
Il ouvre en moi brèche sur brèche,
fonce sur moi tel un guerrier.
J'ai cousu sur ma peau un sac,
roulé mon front dans la poussière.
Mon visage est rougi par les larmes,
un voile d'ombre couvre mes paupières. »

(Jb 16, 13-16)

Et que disent de Lui les mourants ?

Ceux qui sont enfermés, ceux qui sont immobilisés, les corps décharnés des vieillards, les difformes, les mongoliens, les marginaux, les boiteux et les aveugles qui mendient sur les routes du monde ?

Que disent de Lui ceux qui cherchent sans trouver, les

sans-espérance, les sans-foi, ceux qui semblent vivants mais qui sont déjà morts ?

Je ne sais.

Chacun cherche à donner une réponse, mais Dieu ne pose pas même la question.

Il se tait.

Et il se tait aussi quand il s'agit de son bien-aimé, de son Fils unique Jésus.

« *Mon Dieu, mon Dieu, pourquoi m'as-tu abandonné ?* » Ce cri résume tous les appels de l'humanité.

Dieu se tait.

Et la sphère d'argile continue d'être pétrie par le feu,
les vivants meurent,
les jeunes vieillissent,
aubes et crépuscules se succèdent,
le ciel reflète la terre,
et les étoiles sont là à nous regarder comme si de rien n'était.

Tout est immobile.

Dans le silence, on entend au loin l'écho douloureux du cri de Jésus :

« *Mon Dieu, mon Dieu, pourquoi m'as-tu abandonné ?* »

Je vous l'ai dit, ne cherchez pas à comprendre, vous n'y arriverez pas.

Ne cherchez pas à voir, vous ne verrez pas.

Cherchez à aimer.

C'est dans l'amour, et seulement dans l'amour que l'on peut approcher Jésus abandonné, et, avec Lui, tous les abandonnés de la terre.

Mais, par pitié, pas pour d'inutiles lamentations !

Les larmes ne suffisent pas devant un tel mystère ; il me faut l'Esprit Saint pour me dire le pourquoi d'un tel prix, pour m'aider à comprendre ce qui se cache sous la croûte d'argile incandescente de l'homme.

Parle, Esprit de Dieu, réponds à Jérémie qui te dit son histoire, une histoire si semblable à celle de chacun de nous.

« *Mon Dieu... mon Dieu...*
Tu m'as amené à la terre,
Pour moi tu as fabriqué un joug,
Tu as enserré ma machoire.
Mon Dieu... mon Dieu...
Tu as bandé ton arc,
et tu m'as pris pour cible de tes flèches.
Mon Dieu... mon Dieu...
Il a brisé mes dents avec du gravier.
Quand même je crie et j'appelle, il arrête ma prière.
Voyez ce qu'Il a fait de moi
dans ma vie errante,
absinthe et fiel...
Que deviendrai-je
si l'espérance vient à me manquer,
l'espérance qui vient du Seigneur ?
Assieds-toi, silencieux et solitaire
quand le Seigneur te l'impose.
Mets ta bouche dans la poussière,
peut-être y a-t-il de l'espoir.
Tends ta joue à qui te frappe.
Car le Seigneur ne rejette pas
les humains pour toujours.
S'il a sévi, il prend pitié.
Que deviendrai-je, si l'espérance
vient à me manquer,
l'espérance qui vient du Seigneur ? »

(Extrait des Lamentations de Jérémie)

Voilà le prix du chef-d'œuvre que Dieu a conçu pour l'homme : l'espérance qui vient du Seigneur, dans le silence, afin justement qu'elle croisse et se développe.

La possibilité d'espérer est le don le plus grand que Dieu pouvait faire à l'homme.

Quand l'homme est envahi par l'espérance, il vainc les contradictions dans lesquelles il se débat.

Quand l'homme espère, il meurt en voyant déjà son corps dans la lumière de la résurrection.

Quand l'homme espère, il vainc la peur, il comprend le sens de l'épreuve, il fait confiance à Dieu, il croit à l'impossible, il perçoit Dieu présent dans la nuit, il apprend à prier.

L'espérance d'Abraham est une des merveilles de l'homme, et l'espérance des martyrs l'éclat de l'Eglise de Dieu.

Et l'espérance surgit justement quand l'homme touche au fond de son impuissance, comme Israël à Babylone, comme Jérémie au fond de la fosse de la prison, comme Jésus sur la croix.

Voilà que je me rapproche de Jésus abandonné et que je le comprends mieux. Je vois en Lui résumée la douleur du monde, le feu rédempteur de l'humanité en chemin, la clef du grand mystère de l'amour.

En lui j'ai la réponse à ce qui n'a pas de réponse, en Lui l'apaisement de toute inquiétude, en Lui le refuge de toutes les souffrances de mes frères, l'attitude sublime du pauvre de Yahvé, la mission héroïque d'Israël, l'homme fait fils du Très-Haut.

J'aimerais insérer comme signet dans ce livre l'image du linceul, comme la plus proche de l'esprit des choses que je recherche.

Cette image que j'ai étudiée durant tant d'années, je la

considère comme « l'authentique photographie de Jésus ».

Le gaz ammoniacal mêlé d'aloès et de myrrhe dont était imprégné le corps de Jésus au soir du vendredi saint a laissé sur le drap la marque des lumières et des ombres du sépulcre.

En fait, ce qui reste est un négatif, excluant toute possibilité de faux.

Comme je le disais, je crois que c'est la photographie du Christ crucifié. Mais je suis prêt à dire avec le cardinal Pellegrino qui en parlait un soir à la télévision : « Si ce n'est celle de Jésus, c'est certainement la photographie d'un homme qui a beaucoup souffert, qui a été crucifié, flagellé et couronné d'épines. »

C'est pareil.

Il est beau de penser que la photographie de Jésus est confondue avec celle de l'homme des douleurs.

Cela m'est extrêmement précieux.

Et c'est pourquoi je garde cette photographie devant moi, sur la table de ma cellule. Et quand je la regarde, je puis dire en pensant à Jésus qui me représente devant le Père :

« Je me remets entre tes mains sans mesure. »

Avec une infinie confiance

Dieu sait faire confiance à l'homme, mais l'homme ne sait pas faire confiance à Dieu.

D'où la grande patience de Dieu à notre égard, et le caractère radical de notre peur.

Le vrai péché de l'homme, c'est de ne pas croire, de ne pas espérer en Dieu.

L'incrédulité, le scepticisme sont le fond de ses relations avec Dieu.

Si l'homme avait confiance en Dieu, simplement comme il a confiance en l'ami engagé dans sa commune, ou en l'huissier du parlement, il n'aurait plus peur de personne.

Au contraire !

Dieu, par contre, a une telle confiance en l'homme qu'Il sait lui trouver une issue de secours même dans les situations les plus désastreuses.

L'espérance de Dieu en l'homme le lie à un point tel qu'il ne le jugera qu'à la fin, vraiment à la fin.

« *Je ne suis pas venu pour juger le monde, mais pour le sauver* » (Jn 3, 17), dira Jésus qui est la miséricorde de Dieu, l'espérance de Dieu, la confiance de Dieu.

Quand Jérémie s'interroge sur l'histoire d'Israël et ne comprend pas certains douloureux changements de route, Dieu le conduit dans la boutique d'un potier.

« Oui, comme l'argile dans la main du potier, ainsi êtes-vous dans ma main, maison d'Israël ! » (Jr 18, 6).

Et quand, entre les mains du potier, le pot se casse et échappe au projet primitif, Jérémie voit que le potier ne détruit pas l'argile, mais, avec la même terre, tente un autre projet.

Jamais Dieu n'abandonne sa terre.

Il a toujours l'espoir de faire sortir quelque chose de cette terre.

Cette terre, c'est Lui qui l'a faite dans la genèse de la vie : *« Et alors, le Seigneur Dieu modela l'homme avec la glaise du sol, et insuffla dans ses narines une haleine de vie »* (Gn 2, 7), et il en a obtenu un étrange mélange de poussière et d'esprit.

Que de souffrances pour ce mélange !

Que de cassures !... Quel... imbroglio !

Mais Dieu sait refaire le mélange, il ne se décourage jamais.

« En vérité, en vérité, je vous le dis, à moins de naître d'eau et d'Esprit, nul ne peut entrer au Royaume de Dieu » (Jn 3, 5), comme s'il devait l'engendrer sans cesse.

L'homme, poussière et esprit, peut s'enfuir où il veut, il peut blasphémer comme il veut, il peut se cacher où il veut, l'espérance de Dieu, la confiance de Dieu le suit partout et l'attend.

Et Dieu est capable de tout cela parce qu'Il est l'Amour.

Comme nous le disions plus haut, l'homme ne sait pas se fier en Dieu.

Il doit apprendre : il y va de sa vie.

Avoir confiance en Dieu signifie paix, joie, sérénité, sécurité, force.

Ne pas avoir confiance signifie solitude, tristesse, peur.

De même, l'incrédulité est vaincue par la foi ; de même, la confiance se nourrit de l'espérance.

Les vertus théologales que nous a données Dieu nous aident justement à réaliser en nous le croire, l'espérer, et l'aimer.

Elles sont comme les vecteurs de la capsule spatiale qui nous emmène hors de l'orbite terrestre, là où l'incrédulité est vaincue, où le scepticisme s'éteint, et où l'amour, l'amour véritable, la charité nous conquiert définitivement.

Si le trajet est difficile, si le passage est rude, l'expérience faite à chaque victoire de la foi est une expérience de joie profonde. Ce qui reste en nous après tout effort pour croire, espérer, aimer, est un sentiment de sécurité et de courage.

Et c'est alors que, comme Moïse au sortir de la Mer Rouge, je veux chanter :

« *Yahvé est ma force et mon chant,*
à Lui je dois ma délivrance. »

(Ex 15, 2)

Comme David, je lui dis ma confiance :

« *Yahvé est mon pasteur,*
je ne manque de rien. »

(Ps 23, 1-2)

Comme Jonas, ma prière de victoire :

« *De la détresse où j'étais, j'ai crié vers Yahvé*
et il m'a répondu. »

(Jon 2, 3)

Et comme Marie, sa joie :

« *Mon âme exalte le Seigneur*
Et mon esprit tressaille de joie en Dieu mon Sauveur. »

(Lc 1, 46)

A ce moment tout semble facile : on a décidé d'aller avec Dieu jusqu'au bout du monde.

Comme Pierre, je dis à Jésus :

« *Seigneur, je suis prêt à aller avec Toi et en prison et à la mort.* » (Lc 22, 23)

Et avec Paul, je répète dans l'Esprit :

« *Qui nous séparera de l'amour du Christ ?* »

(Rm 8, 35)

Oh ! si je pouvais fixer ma vie dans ces sentiments !

Si je pouvais ne plus changer, me maintenir... dans cette grâce.

Mais je ne puis.

D'ici une heure, je ne serai plus ainsi.

D'ici une heure peut-être, je me surprendrai à peiner dans la sécheresse qui aura reconquis mon cœur, dans l'obscurité où je serai retombé.

Rien n'est stable ici-bas, rien n'est définitivement sauvé.

C'est un exode.

Mais, comme dans l'exode, il reste une trace le long du chemin.

La trace de l'expérience faite.

Un souvenir gravé comme ces graffiti sur les rochers où je suis passé.

Souviens-toi Israël (Exode).

Oui je me souviens... je me souviens de la Mer Rouge, de l'eau de Mara, je me souviens de la manne.

Le souvenir est la mémoire de la confiance.

La difficulté de se confier en Dieu est la même que celle que nous éprouvons à nous confier en l'homme, en l'homme notre frère.

Nous ne réussissons jamais à en venir à bout, et le scepticisme sur l'homme est source en nous de dureté et d'absence de joie.

Nous ne croyons pas en ce mélange béni de poussière et d'esprit qui est devant nous.

Nous n'en voyons que les défauts.

Nous ne croyons pas que de cette argile puisse sortir un vase bien fait et peut-être utile.

Au fond, il s'agit là encore d'un manque de foi dans la main de l'artisan qu'est Dieu qui, ne l'oublions jamais, est le Dieu de l'impossible.

Notre Dieu, et c'est pourquoi il est si faible, est encore le Dieu des choses possibles, mais nous ne connaissons pas encore le Dieu des choses impossibles.

Notre Dieu est encore à la mesure de l'homme, et non pas à la mesure du créateur capable de nous donner la merveille des aubes, et le bouleversement de la résurrection.

Voilà pourquoi notre confiance est difficile même en ce qui concerne notre frère.

« *De Nazareth, peut-il sortir quelque chose de bon ?* » (Jn 1, 46), dira Nathanaël à qui lui parle du Nazaréen.

Nous sommes toujours convaincus que de certains lieux, de certaines natures, de certains individus, de certaines situations, il ne peut rien sortir de bon.

Et nous nous méfions.

Et nous avons peur du nouveau, en particulier si nous sommes savants, bien préparés, cultivés, et surtout si nous sommes à un poste d'autorité.

Je n'ai par exemple jamais vu, pour ma part, d'hommes plus récalcitrants devant la nouveauté que certains parents ou que certains hommes d'Eglise ! On dirait que les soi-disant « pécheurs » ont plus de facilité que les soi-disant « bons » à accueillir avec confiance les changements de l'histoire.

En attendant, je me suis convaincu que, dans bien des cas, la « contestation » est provoquée, involontairement bien sûr et peut-être même sans qu'ils s'en aperçoivent, par ceux-là qui, par leur rigidité, par leur assurance, et plus encore par leur refus, ne veulent pas apprécier avec confiance les opinions des inférieurs.

Je pense que rarement les recommandations de saint Paul aux Colossiens n'ont été aussi bien adaptées qu'à notre époque de transition et de mutation (Col 3, 21) : « *Parents, n'exaspérez pas vos enfants, de peur qu'ils ne se découragent* », car notre époque est une époque où les jeunes - et pas seulement les jeunes - sont découragés.

Il y a vraiment - ô combien ! - une crise d'autorité.

Et il ne sera pas facile de renouer, dans tous les nœuds de la société et de l'Eglise elle-même, la chaîne de la confiance.

Il faudrait essayer d'avoir plus de fantaisie et plus de courage au lieu de faire tant de prêches sur l'obéissance. Si, par exemple, on s'aperçoit que les jeunes se scandalisent de voir dépenser tant d'argent pour construire une église monumentale, on ferait mieux d'attendre, pour la construire, des temps meilleurs. Et si le Peuple de Dieu a mûri et a besoin de développer son autonomie sur le plan politique et sa liberté dans l'organisation civile, contentons-nous de donner des conseils, et laissons de côté les ordres.

Il n'est pas toujours possible, hélas ! de faire coïncider la loi religieuse avec la loi de l'Etat ; et le respect des chrétiens et la tolérance envers le pécheur ne sont pas peu de chose pour qui est disciple de Celui qui s'est laissé tuer par les méchants : Jésus.

Qu'il est difficile d'avoir confiance en l'homme mon frère !

Quelle gymnastique intérieure je dois mettre en œuvre pour me convaincre que, aujourd'hui encore, un capitaliste comme Zachée ou une prostituée comme Marie-Madeleine peuvent devenir un saint de demain !

Le signe de ma vieillesse réside justement dans le fait que je n'ai pas confiance dans les jeunes de demain.

Ne pas espérer que le salut est en marche, même en notre génération ; ne pas espérer que l'Esprit en a placé les fondements loin de moi, tout au bout du monde, dans le dernier pauvre capable d'accueillir « comme un petit reste d'Israël » la venue du Messie éternel, le Christ de Dieu, Jésus ressuscité des morts, ne pas espérer cela serait le signe de la vieillesse de l'Eglise.

Oui, je dois avoir confiance en l'homme, parce que la confiance en lui prouve que j'ai foi en Dieu.

Avoir confiance aussi dans les musulmans prouve que je crois au sens de leur histoire qui a été faite elle aussi par Dieu à partir du même Abraham.

Avoir confiance en ceux qui sont loin me donne la force de les sentir déjà dans l'unique grande famille de l'humanité sauvée par Jésus.

Avoir confiance en qui ne pense pas comme moi, me donne le moyen d'améliorer ma pensée et de me raffermir dans la vérité.

Avoir confiance enfin dans les athées modernes me permet de trouver l'esprit caustique pour éliminer de mes structures religieuses toute la surcharge mythique, toutes les attaches superstitieuses, en réduisant mon espérance à l'annonce pure et simple de l'Evangile.

Avoir confiance en l'homme et en ses capacités de conversion témoigne dans la vie de ma confiance en Dieu.

Car Tu es mon Père

Dans sa première Alliance avec l'homme, Dieu lui a proposé de vivre des réalités invisibles dont le mariage était l'image.

Yahvé était l'époux d'Israël, et la gloire du peuple de Dieu était l'intimité nuptiale avec Lui, dont la plus belle expression fut le « Cantique des Cantiques ».

Dans la seconde Alliance, il y eut une proposition différente : celle de la paternité de Dieu.

Lorsqu'il parlera de Dieu, Jésus ne se servira plus de l'image de l'époux, mais l'appellera Père.

Quand vous priez, priez ainsi : « Notre Père ».

Le Christ est le Fils.

Dieu est le Père.

Il est proposé à l'homme de devenir fils comme Jésus était fils.

« *A tous ceux qui l'ont reçu, il a donné pouvoir de devenir enfants de Dieu, à ceux qui croient en son nom, et qui ne sont nés ni du sang, ni de la volonté de la chair, ni de la volonté de l'homme, mais de Dieu* » (Jn 1, 12-13).

Je dois confesser que l'attachement à la relation Yahvé-Israël que je ressentais intérieurement comme des épousailles avec Dieu, me fit tarder à comprendre et à apprécier la nouvelle réalité proposée par Jésus dans l'Evangile.

Je n'en saisissais pas l'importance.

Mon théocentrisme radical m'obscurcissait la réalité dans laquelle j'étais plongé.

Entièrement occupé de la recherche de la vision de Dieu, j'oubliais le frère qui était à côté de moi, et il me semblait de moindre importance de m'occuper de lui.

Puis il y eut un éclair - je me souviens du jour - et pour la première fois je dis « notre Père » de façon différente.

En me proposant le thème de la paternité de Dieu, Jésus ne changeait pas la relation d'Israël avec Lui - celle-ci allait très bien comme intensité -, mais il changeait la relation avec mes frères.

Si Dieu était Père, il ne l'était pas d'une minuscule famille ni de petits intérêts humains.

Si Dieu était Père, cela voulait dire que ses fils étaient vraiment mes frères, non pas « dans la chair et dans le sang », mais dans la nouvelle réalité divine que me proposait Dieu lui-même.

A partir de là, eux, mes frères, étaient de nature divine, et me désintéresser d'eux, les offenser ou ne pas les servir avait la même gravité que me désintéresser, offenser ou ne pas servir le Père.

Pour la première fois je sentais dans ma chair l'unité entre le premier et le second commandement.

Combien de fois l'avais-je entendu dire ! Cette fois, je le sentais de l'intérieur.

C'est tout autre chose.

En me disant que Dieu est père, Jésus pose les bases de la divinité de toute la famille humaine et porte à ses extrêmes conséquences les relations entre les hommes.

C'est à cette lumière que se comprend la violence du chapitre 25 de saint Matthieu.

« Allez-vous en, vous les maudits,
dans le feu éternel,
car j'avais faim et vous ne m'avez pas donné
à manger... »

Ne pas rassasier mon frère, lui refuser le pain, c'est comme refuser le pain à Dieu lui-même qui passe à côté de moi et me tend la main.

Le péché contre l'homme, c'est le péché contre Dieu.

Tous deux sont de la même famille.

Qui du reste est la mienne.

Il n'y a pas d'échappatoire possible : mon frère est pleinement mon frère.

L'humanité change de visage. Maintenant je dis : je veux l'unité de la famille humaine.

Je ne peux garder de l'argent si mon frère me le demande.

Si j'ai deux vêtements, je dois en donner un à qui n'en a pas.

L'égalité de tous est une loi religieuse.

La fraternité universelle est une tension constante.

Mais il y a plus.

Mon frère est Eglise avec moi, parce que l'Eglise est justement le signe de cette réunion céleste universelle à laquelle nous sommes appelés comme fils de Dieu, et vers laquelle nous sommes en marche.

Tout s'illumine d'une lumière nouvelle.

Mon frère est sacrement de l'Eglise, signe visible de mon amour.

Je dois partager avec lui le pain de la terre et le pain céleste.

Je partage avec lui la prière et le travail, la solidarité humaine et la charité divine, les biens visibles et les biens invisibles.

L'Eglise devient la plus étonnante des réunions, la communauté la plus parfaite.

Le lieu de Dieu et des hommes.

La présence du Christ.

L'agape de l'amour.

Le signe du banquet céleste.

Le christianisme a surgi comme Eglise - communauté - réunion.

Les premiers chrétiens se retrouvèrent en communauté. C'était la communauté de Jérusalem, d'Antioche, d'Ephèse, d'Alexandrie, de Thessalonique.

Et ils se retrouvaient, selon les Actes des Apôtres, avec quatre caractéristiques qui leur étaient propres :

1. Ils continuaient à se faire instruire par les apôtres (Ac 2, 42).
2. Ils étaient fidèles à la prière.
3. Ils participaient à la fraction du pain.
4. Ils mettaient tout en commun, si bien que nul parmi eux n'était dans le besoin (Ac 4, 32.34).

Quelle stupéfiante proposition !

Pourquoi ne pas renouer, aujourd'hui, avec une telle espérance ?

avec un tel miracle ?

Ne serait-ce pas le moyen de sortir d'une vie qui n'a plus de sens, d'une routine qui nous étouffe, de structures qui vieillissent ?

Vivre une Eglise vraie.

Construire une communauté qui respecte ce que dit Luc, depuis l'évêque jusqu'au dernier des habitants perdus d'un village.

Personne ne devrait rester sans communauté.

Chacun devrait s'employer à la construire.

Au lever du jour, l'évêque sort de sa chambre et descend prier.

Il ne devrait pas se trouver dans la chapelle avec ses seuls familiers. Il devrait avoir autour de lui son presbyterium qui est sa communauté, comme ce l'était pour Augustin à Hippone.

Le milieu de sa prière est justement dans cette authentique communauté. La parole de Dieu devrait être partagée calmement, longuement, comme le pain quotidien et l'inspiration de la vie.

Prenons maintenant une paroisse normale. Il s'y trouve quelques communautés religieuses, malheureusement minuscules et incapables de vie propre, des groupes de militants au début de leur vie spirituelle.

Pourquoi, par exemple, ne pas commencer la journée par l'office prié ensemble ?

Pourquoi dire l'office chacun pour son compte ?

Ne serait-il pas mieux de se réunir et de passer une heure d'authentique prière en confiant l'exégèse de la parole à un participant compétent, et en cherchant à faire une communauté la plus chaleureuse possible ?

Je crois qu'il est temps d'y penser.

Tous les chrétiens de foi devraient faire partie d'une vraie communauté de prière.

Si la paroisse est vivante, la communauté est déjà faite, mais, si elle est morte, il faut commencer à partir du début, avec des communautés homogènes, basées sur l'amitié, sur la solidarité, jusqu'à la communauté des biens, jusqu'au partage du pain.

Et là je voudrais le dire avec force.

Tournons le dos à la peur.

On dirait que certains organismes se croient les détenteurs absolus de la nouveauté.

Si une communauté ne naît pas chez eux, ils font tout pour ne pas la reconnaître.

Ils font l'opposé de ce que faisaient les Apôtres.

Quand ceux-ci entendirent qu'à Antioche il y avait un groupe de païens qui se réunissaient dans le Christ, ils ne s'offusquèrent pas, ils ne les boycottèrent pas ; ils envoyèrent Barnabé.

Et Barnabé « *arriva, vit la grâce accordée par Dieu et s'en réjouit* » (Ac 11, 23).

Faut-il s'alarmer chaque fois que, dans une paroisse, naît quelque chose de nouveau ?

Faut-il croire que l'Esprit ne vient que sur celui qui détient l'autorité ?

Par ailleurs, il faut faire une remarque tout aussi forte à ces groupes-Eglise qui surgissent sans aucune référence à la paroisse ni à l'évêque... comme par parti pris.

On oublie trop facilement l'un des éléments de base de l'Eglise - et dans les Actes des Apôtres il est cité en premier : « *Ils continuaient à se faire instruire par les Apôtres.* »

Voilà qui est grave, et ce n'est certainement pas dans l'Esprit du Christ.

Si nous pouvons souhaiter que les évêques soient toujours plus confiants et ouverts à la nouveauté afin de « *ne pas éteindre l'Esprit* » qui souffle partout à sa façon, nous devons engager les divers groupes spontanés qui se créent à avoir confiance dans les évêques et à s'unir à eux dans le grand travail de rénovation et de communion de l'Eglise.

Et cela, non pas pour obtenir les habituelles « autorisations » ni pour avoir d'onctueuses expressions de *satisfaction,* mais pour mettre en œuvre fidèlement ce que le Christ attend de nous.

Il n'y a pas d'Eglise sans évêque, et nous ne faisons certainement pas la volonté de Dieu si nous prolongeons trop longtemps des situations anormales.

Le cardinal Pellegrino a eu cette expression heureuse : « Nous marchons ensemble » ; et cette façon d'appréhender les choses me semble n'être rien d'autre que le commentaire moderne de ce que disaient les Pères, et qu'a si bien résumé saint Augustin : « Vous et moi nous sommes des chrétiens, et c'est pour vous que je suis évêque. »

Se créer une communauté.

Vivre en une communauté qui soit vie, amour, prière, eucharistie, service.

Et qui surtout soit Eglise.

Quand pouvons-nous dire qu'un rassemblement d'hommes et de femmes, de jeunes et de vieux devient Eglise ?

Quelle différence y a-t-il entre un groupe-Eglise et un quelconque groupe se rassemblant pour des raisons sportives, culturelles, politiques, thérapeutiques ?

La réponse est simple.

Le groupe devient Eglise lorsqu'il se retrouve autour de la Parole, comme la première communauté (cf. Ac 2, 42).

C'est la Parole de Dieu proclamée dans la communauté qui appelle l'Esprit.

Et c'est l'Esprit du Seigneur qui fait l'Eglise.

Et c'est dans l'Eglise que nous trouvons l'assistance nécessaire pour marcher dans l'amour.

Dans l'Eglise nous trouvons l'unité.

Nous trouvons l'Eucharistie.

En elle nous nourrissons notre foi, nous vivons l'espérance, nous rendons plus authentique notre amour.

Il est difficile de vivre sans Eglise.

Si vous vous interrogez réellement sur les difficultés actuellement vécues par les chrétiens, vous devez convenir qu'elles viennent essentiellement de l'isolement dans lequel ils vivent.

Ils n'ont pas d'Eglise, et, s'ils l'ont, c'est une communauté paroissiale sclérosée qui n'est faite que pour d'illusoires statistiques.

Combien de jeunes ne trouvent plus dans la paroisse le rassemblement vivant qui leur sert d'Eglise !

Dans les communautés religieuses elles-mêmes, combien d'individus vivent isolés dans une réalité désormais agonisante par manque d'unité, de prière et d'amour ?

Ce sont des couvents, ce ne sont plus des communautés de prière.

Ce sont des monastères : ils prient sans s'aimer.

Ce sont des familles : ils ne communiquent pas.

Quelle mort, pour l'Eglise universelle, que cet état de choses !

Des prêtres qui n'ont pas d'amis et qui prient seuls !

Des évêques qui disent vêpres dans la solitude de leurs chapelles privées.

Voilà le signe de la mort de la communauté chrétienne : célébrer la liturgie sans communauté, comme une affaire privée.

C'est inconcevable.

C'est comme avoir l'habitude de prendre ses repas seul.

C'est un signe grave de vieillissement, d'incapacité à comprendre les choses... ou d'égoïsme.

Et, pour en finir avec ce thème de la communauté-Eglise, je me permettrai d'insister encore sur un aspect.

Nous ne devons pas nous retrancher derrière l'habituelle ritournelle : ce n'est pas mon affaire, c'est celle de la paroisse, de l'évêque, de ma mère.

Je pense : c'est l'affaire de tous.

Le premier signe de conversion qui montre que nous avons compris ce qu'est l'Eglise, c'est de ne pas se borner à considérer comme Eglise le Vatican ou les diocèses, mais chacun de nous.

Nous sommes Eglise !

Chacun de nous est Eglise.

Quelle force si tous les chrétiens répétaient : « Je suis Eglise ». Si chacun apportait une contribution valable à l'action de l'évêque en disant : c'est mon affaire.

Je m'y mets.

Je cherche à me créer une communauté.

Je ne veux plus être seul.

Je veux chercher ma route avec d'autres.

Vivre ma vie.

Même si nous sommes peu nombreux, je veux m'y mettre.

Nous prierons chez nous.

Nous lirons la Bible ensemble.

Nous ferons l'Eucharistie comme les premiers chrétiens.

Nous nous aiderons.

Nous mettrons en commun le plus possible de nos biens.

Ce sera une vie illuminée par l'Evangile.

Et je pense que le terrible et angoissant problème des vocations sacerdotales trouverait dans ces communautés un véritable début de solution.

Une communauté de prière.

Une communauté-Eglise qui vit intensément la foi devient automatiquement un véritable séminaire. L'Esprit vient là où on annonce la Parole, et c'est le rôle de l'Esprit de faire l'Eglise et de distribuer les charismes.

Je suis bien convaincu que le charisme du sacerdoce se manifestera davantage à partir de ces communautés de foi et de prière que dans ces nombreux collèges anémiques de jeunes garçons que l'on ne rassemble que par crainte du manque de vocations.

Les communautés vives et fécondes de notre temps, comme la communauté de Taizé, celle de Bose, comme les communautés néo-catéchuménales, comme les Cursillos de Cristiandad, les groupes *Communion et Libération,* la communauté de S. Egidio, les groupes charismatiques, la *Pro Civitate christiana,* les diverses Fraternités qui s'inspirent du Père de Foucauld et les nombreuses communautés de base n'ont pas de problèmes de vocations. Elles ont autant de prêtres qu'il leur en faut et peut-être plus.

Pourquoi avoir peur ?

Dieu est Dieu, et Il ne laissera pas son Eglise manquer de pasteurs dont elle a besoin.

CONCLUSION

Et nous voici à la conclusion.

J'ai désiré écrire ce livre comme s'il était mon testament.

Je suis maintenant près de la ligne d'arrivée et j'ai presque fini ma course.

Parler de mon Père m'a été doux et facile.

L'extraordinaire vérité de la paternité de Dieu, la vérité plus extraordinaire encore de notre élévation au rang de ses fils m'ont fasciné, et réconforté.

J'ai trouvé en elles l'explication de ce que j'ai expérimenté dans la prière, en tant que communication, que contemplation : l'authentique gestation dans le sein de Dieu.

Il n'y a pas de limite à sa dignité, et il n'y a pas de mots qui puisse exprimer son importance.

Je sais maintenant que je prie parce que je suis son fils.

Si je n'étais pas son fils, je ne pourrais le faire, parce que je ne trouverais pas la communication.

C'est le secret que je voudrais dire à mes amis, afin qu'ils ne se découragent pas quand le ciel semble fermé et les ténèbres trop épaisses.

Qu'ils sachent que ce sont les ténèbres de l'enfantement, et que Celui qui les met au monde aime à se taire afin que l'espérance puisse naître dans toute sa splendeur.

A nous d'être fidèles et solidaires, en particulier lorsque la prière est dure et douloureuse.

Je voudrais que nous nous trouvions aussi solidaires comme Eglise.

Dans cette Eglise qui est nôtre et que nous aimons malgré ses faiblesses et ses contradictions.

Que ferions-nous sans elle ?

Le mystère de l'Eglise est notre mystère même de grandeur et de péché ; de sainteté et de trahison.

Jamais comme aujourd'hui je ne l'ai sentie vivante et vraie ; jamais comme aujourd'hui je n'ai vu ses duretés.

Mais personne au monde n'aura la force de me séparer d'elle, comme personne au monde n'aura la force de me séparer du Christ.

Et c'est dans cet esprit que je voudrais demander pardon à ceux, parmi mes frères, que j'ai pu scandaliser sans le vouloir dans ces durs moments de peine.

Il n'est pas facile de vivre l'Evangile, d'en suivre et d'en mettre en œuvre les inspirations.

Il n'est pas facile d'assumer ses responsabilités devant l'intransigeance de sa propre conscience ; il n'est pas facile de garder le respect de tous, en particulier de ceux qui sont loin.

Il y faut parfois la compréhension réciproque, la confiance patiente, et surtout une infinie tolérance.

Jésus nous contraint à ne pas juger, et jamais je ne l'ai ressenti comme aussi nécessaire à la vie de l'Eglise.

Avec le Concile est née une Eglise beaucoup plus mûre que l'Eglise de notre enfance.

Une Eglise où le pluralisme est de la maison, avec le respect de tous, même des incroyants.

Une Eglise où la charité et la solidarité envers nos frères engagent bien plus que le culte et le souci de la légalité.

Une Eglise qui est Evangile.

Une Eglise qui est espérance.

Une Eglise qui est amour.

TABLE DES MATIÈRES

Tirée sur les presses
de l'Imprimerie Saint-Paul
55001 Bar le Duc

Mon Père je m'abandonne

à Toi

a été achevée d'imprimer
le 30 octobre 1976

Dép. lég. : 4e trim. 1976
No 6-76-392

No Ed. 6676

Imprimé en France

"ÉPIPHANIE"

Juan Arias	*Christ toujours nouveau*
E. Balducci	*La foi ne sert à rien*
A.-M. Besnard	*Chemins et demeures*
A.-M. Besnard	*Pour Dieu il n'est jamais trop tard*
A.-M. Besnard	*Quand les vieux parlent*
G. Bessière	*Jésus est devant*
G. Bessière	*Jésus insaisissable*
G. Bessière	*Les acrobates de Dieu*
G. Bessière	*Dieu est bien jeune*
Serge Bonnet	*Prières secrètes des Français d'aujourd'hui*
Bernard Bro	*Heureux de croire*
Bernard Bro	*On demande des pécheurs*
Bernard Bro	*Dieu seul est humain*
Bernard Bro	*Contre toute espérance*
Bernard Bro	*Le pouvoir du mal*
E. Cardenal	*Amour, secret du monde*
A.-M. Carré	*La conversion quotidienne*
A.-M. Carré	*Les yeux illuminés du cœur*
A.-M. Carré	*Par amour de Ton amour*
A.-M. Carré	*Quand arrive le bonheur*
C. Carretto	*Mon Père, je m'abandonne à Toi*
Ph. Dagonet	*La onzième heure*
N. Fabro	*Jésus : histoire d'une amitié*
R. Guardini	*Prière et vérité : le Notre Père*
B. Häring	*Les chances de la prière*
A. D'Heilly	*Visage de l'homme, visage de Dieu*
P. Jacquemont	*Oser prier*
Sr Jeanne d'Arc	*Un cœur qui écoute*
Jacques Loew	*Si vous saviez le don de Dieu*
Jacques Loew	*Dans la nuit j'ai cherché*
G. A. Maloney	*Dieu est le souffle de l'homme*
Cardinal Marty	*Dieu est tenace*
Mgr Matagrin	*Préparer aujourd'hui l'Eglise de demain*
M.-D. Molinié	*Le courage d'avoir peur*
F. Monfort	*Les sacrements, pour quoi faire ?*
J. Ratzinger	*Frères dans le Christ*
J. Robert	*L'Evangile en fête*
J. Robert	*Guetter l'aurore*
Jacques Vignon	*Rendre visible le Dieu caché*
R. Voillaume	*La contemplation dans l'Eglise*
R. Voillaume	*« Ma chair pour la vie du monde »*